歴史文化ライブラリー

570

平安貴族の仕事と昇進

どこまで出世できるのか

井上幸治

吉川弘文館

目　次

平安貴族たちの仕事とは、どういうものか？

平安貴族たちの昇進

平安京で暮らす人びと——プロローグ

平安京に暮らす人びと

延暦十三年（七九四）十月、桓武天皇は平安京に遷都した。新都の造営はその後も続けられ、延暦二十四年（八〇五）十二月に藤原緒嗣と菅野真道とによってなされた、いわゆる「徳政相論」によって、未完成のまま終結。これによって造都事業は、造営から維持管理へと移行していった。この時、都の規模はほぼ、東西一五〇八丈（約四・五キロ）、南北一七五三丈（約五・二キロ）をほこった。その後、九・十世紀を通じて、右京域の住人が徐々に減少していき、また反対に左京（特に北半）へ住民が集まる傾向が高まっていく。こうして右京が衰退していったのに対し、左京は繁栄し、都市域も京域の北・東へと広がる傾向のあったことが説かれてきた（京都市一九七〇)。こうして、平安遷都によって誕生した京都市街地は、その姿を少しずつ変化させながら、本書で扱おうとする平安時代中・後期へと至るのである。

その当時、西暦一〇〇〇年頃の平安京には、どれほどの人口があったのだろうか。当時は、現在のような住民登録もなければ、戸籍はあったとしても実態を反映したものではないため、推測するしかない。そのため、論者によって多少の差はあるものの、おおよそ一二~一三万人が暮らしていたと推測されることが多いだろう(井上満一九九二)。ちなみに、令和四年(二〇二二)十二月の京都市推計人口は、約一四四万八〇〇〇人である。だがもちろんこれは、平安京よりもはるかに範囲が広い。そこで、平安京域に近い(やや広い)上京(かみぎょう)・中京(なかぎょう)・下京(しもぎょう)の三区だけに限ってみると、約二七万六〇〇〇人である。平安京の都市域は、さらにこの半分程と見なせるので、数字だけを比べると現在に近いということがわかる。これをどのようにとらえるかは、読者にお任せしておこう。

正確な数値で人口を比較することはできないが、平安時代中期のころ、平安京と同等の大都市は、国内に他に存在していないことは確かだろう。人口・規模といった点において、平安京は他を凌駕(りょうが)する大都市であった。そして平安京の特異性はそれだけではなく、そこに住む人びとについても指摘できよう。平安京は、きわめて特殊な人びとを多く含んでいたのである。

四つの身分

平安京には、身分の高い人びとがきわめて多く集住していた。「身分の高い人びと」というと、天皇・院・親王といった王家の構成員が真っ先に思い浮かぶであろうが、それだけではない。

当時の身分を、おおまかに表現するならば、次の四つになるだろう。（1）公卿、（2）諸大夫、（3）侍、そして（4）庶民である。この四身分の存在は、貴族社会を理解するには非常に重要である。そこで、本書の内容をよく理解していただき、楽しんでいただくためにも、いちばん最初にこの四つの身分について、説明をしておきたい。

四つの身分を分ける際に基準となるのは、位階である。位階は律令（官位令）に定められており、正一位から大初位下までの三〇段階に分けられている。これらは、①「一位」がもっとも高位で、数字が増すにしたがって地位は低くなっていき、もっとも下位は九位とは言わずに「初位」と言う。②数字の次に「正」と「従」で分けられ、「正」が上位となる。具体的には、従三位より正三位の方が上位となる。そして最後に、③四位以下はそれぞれ「上」「下」に細分され、もちろん「上」が上位。具体的には、従五位下より従五位上が一ランクだけ上位。以上の三つの原則を頭に入れておけばよい。この法則に

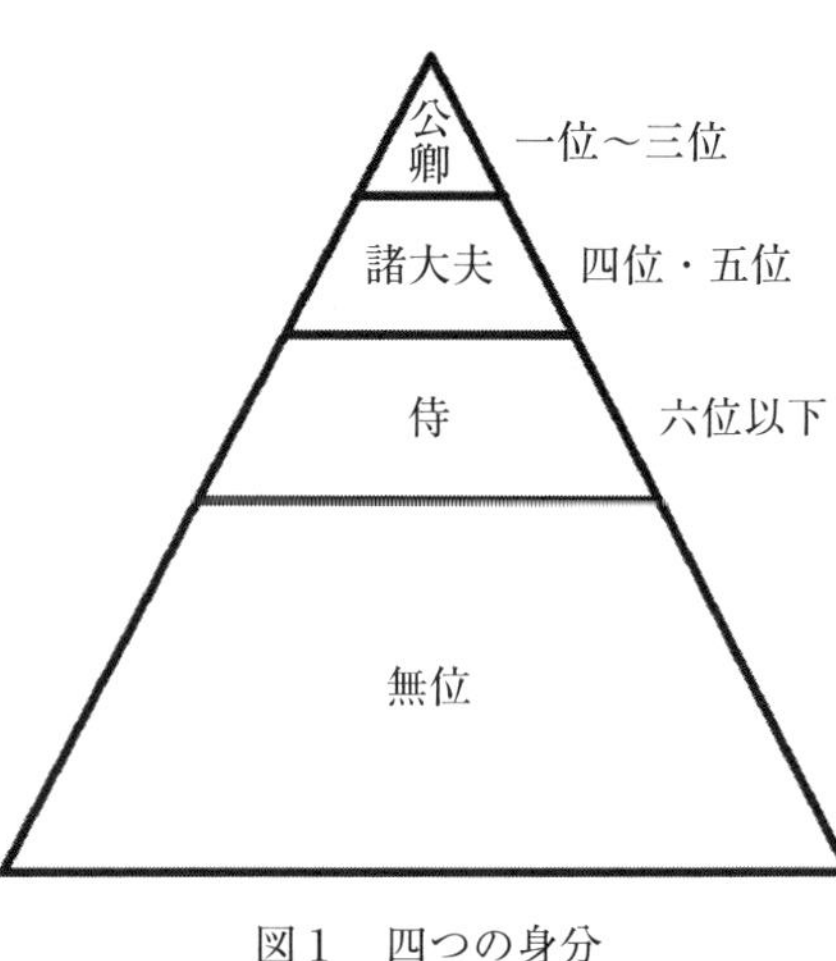

図１　四つの身分

のっとった位階が官人たちに授けられ、このことは、男女に共通している。なお親王・内親王らには、位階とは別に、一品・二品・三品といった品階が与えられたが、本書ではあまり登場しないので、その存在だけ記しておく。

平安時代中・後期の平安京では、この位階が、身分をあらわす指標として用いられた。つまり、三位以上（正一位～従三位）の位階を有する人びとが「公卿」であり、四位・五位（正四位上～従五位下）までの位階であれば「諸大夫」、そして六位以下（正六位上より低い位階）の場合が「侍」なのである（図１）。もちろん位階を持たない庶民がもっとも多くおり、それらは「無位」などと呼ばれた。言うまでもないが、身分はいちばん低い。位階の上下・有無が、そのまま身分の上下に対応しているのがわかるだろう。このような身分の上下については、本書中、多くのところで言及することになる。その都度、必要に応じて説明も添えるであろうことも、あらかじめことわっておきたい。

なお一般に、「侍」という言葉は、イコール武士という意味で理解されがちである。だが、ここでいう身分としての「侍」は、そのような武装している人びとや、武芸に優れた人びとだけを指す言葉ではなかった。もちろん「侍」には、警備のため武装している官人も含んでいるが、書類仕事しかしないようなごく一般的な文筆官人も含んでいる。文官・武官の別なく、身分として用いられる呼称である。いわゆる「武士」とは区別が必要であるから、注意されたい。混乱を防ぐためにも、本書では「侍」という表現を、武士の意味で用いないことを、身分呼称に限定して用いることをおことわりしておく。

平安貴族たちはどれほどいたのか？

四つの身分のうち、公卿に属する人は、数えるほどしかいなかった。公卿（男性）は、『公卿補任』にその名前などが一覧化されているが、たとえば長保二年（一〇〇〇）の場合、左大臣藤原道長を筆頭に二〇人が記載されている。しかしそのうち三人は四位参議であるから、公卿身分に属するのは一七人しかいない。もちろん、高い身分の人びとといった場合、この人数には院・天皇・親王らはもちろんのこと、身分の高い僧侶や女性も加えなければならないだろう。それでも、こうした公卿身分に相当する人びとは、この時代、多くても百人に満たないと見なして、大きな誤りはないだろう。

平安京とその周辺には、こうした身分の高い人びとのほぼ全員が住んでいたのである。地方に住んでいたのは、国司や大宰権帥(だざいのごんのそち)のような地方官として赴任している者、もしくは流罪(るざい)になっている者などが考えられよう。だが、いずれもきわめて稀なうえ、いずれ戻ってくる。意外かもしれないが、流罪になっていても、菅原道真(すがわらのみちざね)のように大宰府で亡くなってしまう方が希少である。また寺社参詣などのため、京を離れることは珍しくないが、それも数日間のことがほとんどであろう。院政期になれば、熊野(くまの)・厳島(いつくしま)といった遠方への行幸(ぎょうこう)があり、長期にも及ぶが、それとて定住したわけではない。平安京から離れたところに定住した公卿のような高位の人物となると、赴任・流罪を除けば、福原(ふくはら)に住んだ平清盛(たいらのきよもり)まで年代を下げないと実例を見いだせないのである。平安時代中・後期の京都は、身分の高い人びとが集住している大都市であった。

では諸大夫・侍身分の人びとは、どれほどの人数がいて、そしてどこに住んでいたのだろうか。

公卿とは違い、それらの人びとを一覧化したような史料は存在しないため、正確な人数もわからない。律令(職員令(しきいんりょう))では各官職の定員を定めているが、権官(ごんかん)の者はそこに算入

表1　11世紀における叙位の身分別人数

年　月　日	西暦	男女	公卿	4位	5位	従5位下	典　拠
治暦4･7･19/20	1068	男	1	7	5	24	本朝世紀
治暦4･7･21	〃	女	0	1	3	10	本朝世紀
治暦4･11･21	〃	男	1	5	2	36	本朝世紀
治暦4･11･28	〃	女	0	2	1	13	本朝世紀
寛治1･11･18	1087	男	2	6	6	43	本朝世紀
寛治1･12･8	〃	女	0	4	0	18	本朝世紀
嘉保1･1･5	1094	男	2	6	10	31	中右記
永長1･1･5	1096	男	3	5	9	28	中右記
承徳1･1･5	1097	男	0	8	5	28	中右記
康和1･1･4	1099	男	1	3	8	28	本朝世紀
康和5･1･6	1103	男	0	3	9	29	本朝世紀
小計		男	10	43	54	247	
		女	0	7	4	41	

されない。また欠員もある。そもそも位階だけを有して官職をもたない「散位(さんに)」の者も多かったから、律令官職の定員はほとんど参考にならないだろう。そこで試しに、叙位(じょい)の人数を見てみることにした。叙位とは、位階を授ける儀式のことである。

表1では、十一世紀中で、叙位の人数が明確なものを一覧にしてみた。一回の儀式で、各位階が何人に授けられているかを示したものである。もちろん、必ずしも一定の割合で叙されているとは限らないし、網羅したわけではないが、目安にはなるかもしれない。そのため、ここでは人数ではなく、人数の比率に注目し

たい。公卿を基準にすると、諸大夫の位階（四位・五位）は四〇倍近くに授けられている。人数に比例しているとすれば、公卿を二〇人とすると、諸大夫は八〇〇人近くいた計算になる。

諸大夫身分の人びとも、そのほとんどが、京やその周辺に住んでいたと思われる。国司などとして地方に赴任している者が多いことは間違いないが、任期が終われば多くの者が京都へ戻ってくるだろう。そして、「貴族」というのは、この諸大夫までを指して用いる。「貴族」というのは、公卿・諸大夫の総称なのである。

侍身分については、まったく目安になるものがない。叙位の記録についても、六位以下の位階授与については、人数も記されないからである。ただ、公卿・諸大夫らよりも多いことは間違いないだろう。また侍身分であれば、地方在住者が一定数存在していたことも確認できる。人数だけでなく、地域的広がりも公卿・諸大夫を大きく上回ることは確実といってよい。そして最後に、これらの有位者に比して圧倒的な大多数が、無位の人びと（庶民）であったことも言うまでもないが、見落としてはならない。

視点を地方の農山漁村で暮らす庶民に移してみよう。それらの地域では、ほぼすべての住人が無位であった。仮に位階を有する者がいたならば、それがたとえ侍身分であったとしても、間違いなく指導者であろう。実際、時代を大きく下げて鎌倉御家人を想定しても、位階を有する御家人はごく一部であった。たとえ無位であっても、御家人たちはそれぞれの本拠地では圧倒的な支配者であった。有位者とは、全国的に見れば、それほどに限られた人びとなのである。

ただし京都には、そうした位階を有する人びとが、恐らくは数千人ほど暮らしていた。その大半は、侍身分であっただろう。そしてこれらの人びとは、本書で述べていくように、ばらばらに働いていたわけではない。貴族（公卿・諸大夫）と侍身分の人びととは、身分こそ違うものの、一体となってものごとに取り組んでいた。時には協力し、また役割分担もしている。本書では、さまざまな点で貴族を支えていた、こうした侍身分の人びとについても多く触れる予定である。六位以下である彼らは「貴族」ではない。しかし、いちいち「貴族と侍身分の人びと」と表現するのもわずらわしく、かといって触れないわけにもいかない。そこで本書では、平安時代中・後期に平安京に集住していた有位者（公卿・諸大夫・侍）を総称して「平安貴族たち」と呼んでおきたい。

なお「諸大夫」の読みは、辞書類には「しょだいぶ」とされることが多いが、本書では「しょだゆう」としている。

平安貴族たちも仕事をする

平安貴族たちの中でも、公卿のような身分の高い人びとの生活というと、立派な寝殿で宴会を催し、和歌を詠んだり、雅楽を奏でたり、庭には広い池があり、龍頭で飾られた船が浮かんでいる……といった光景を思い浮かべることはないだろうか？　実際にはそんなことはほとんどないのだけれども、ただそういったイメージを現代の多くの人たちがもつことは、ある意味当然であろう。というのも、たとえば高校日本史の教科書では、十一世紀頃の政治について、かつて次のように記していた。

摂関政治のころには、朝廷の政治は先例や儀式を重んじる形式的なものとなっていたので、専制的な政治や積極的な施策はほとんどみられなかった。いっぽう官吏の規律はみだれ、彼らは個人的に天皇や摂関家にとりいることには熱心でも、地方支配を国司にゆだね、治安も武士団の力にたよるようになるなど、行政にはげむ責任感に欠けていた。

（文部省検定済教科書『新詳説日本史』山川出版社、一九八八年）

これに加えて、学校教育においては、平安時代中期から後期の、文化的には国風文化と院政期の文化とされているところには、紫式部の『源氏物語』や美しく彩られた女房装束などに代表される優美な暮らしぶり、さらには平等院鳳凰堂や「寝殿造」とされる建物などが華々しく取りあげられ、テレビ・漫画（アニメ）などにおいても、同様に描かれてきた。さらにドラマなどにおける各配役の演じ方が、それに拍車をかける。一般向けの情報にしか接することのないほとんどの現代人が、平安貴族たちを前記のような存在と見なしてしまうのは、当然の結果なのである。そのように学び、またそのように教えてきたのだから。

しかし、史料中にあらわれる彼らの姿は、まったく異なる。

ここでいう史料とは、藤原道長が記した『御堂関白記』に代表される日記史料であったり、それらを編さんしてつくられた記録類、そして古文書が中心である。平安時代の様子として、『源氏物語』が使われることも多い。ネームバリューだけでなく、記述も具体的なので、当時の時代背景をイメージさせるにはとても参考になることは間違いない。だが、そこに書かれた内容は、あくまで文学作品であり、事実でないことには注意が必要である。そのうえ、政務のことは作品には不要なためか、または紫式部が政務に関する知識に乏しかったためか、まったく記述がない。『源氏物語』は、当時の実情を参考にしており、背景の描写はとてもよくできているのだけれども、一面だけを切り取ったものであるうえ、ストーリーは実際にはありえないというような、まるで朝ドラや大河ドラマ、または警察や病院を舞台にしたドラマのような、虚構なのである。

これに対し、同じ文学作品でも、『今昔物語集（こんじゃくものがたりしゅう）』をはじめとする、いわゆる説話文学のようなものは、史料として用いることができよう。もちろん、ストーリーには一定の作為が加わっていると予想されるものの、部分的な信頼もおけることが確かめられているからである。本書では、説話文学や日記を中心に、平安貴族たちの日常を解き明かしていきたい。

年中行事が政治

平安貴族たちのうち、公卿や諸大夫は、現代にたとえるならば、国会議員や中央省庁の幹部職員といったところが近いのではないだろうか。もちろんのこと、彼らが当時の一般民衆に比べて、恵まれた豊かな生活を送っていたことは、疑いようもない事実である。だが、だからといって、日々のすべてを遊び暮らしていてよいわけがない。彼らにも、それぞれの立場に応じた職務があったのである。

藤原道長の『御堂関白記』をはじめ、藤原実資（さねすけ）の『小右記（しょうゆうき）』、藤原宗忠（むねただ）の『中右記（ちゅうゆうき）』、平信範（たいらののぶのり）の『兵範記（ひょうはんき）』など、平安時代中・後期の公卿は、詳しい日記を記していることが多いが、それらを読み解くことによって、彼らが日々をいかに過ごしていたかがよくわかる。すると場合によっては、その働きぶりは現代人と同等、いやそれ以上に過酷なのかもしれないことがうかがえる。現実には、遊び暮らすようなイメージとは、ほど遠いといってよいだろう。その具体像は、おいおい触れていくこととして、まず先に、彼らが何をしていたのかを確かめておこう。

　もっとも重要な職務は、年中行事の遂行であった。現代では「年中行事のように」といえば、やっても意味のないようなことを毎年形式的に繰り返すマンネリなイベントのことと考えられそうであるが、もちろん当時は異なる。定められた年中行事を、滞りなく実施していくことが、政治そのものなのであり、もっとも重要だと考えられていた。実際、年中行事の中には、春と秋に催される一斉人事異動である「除目」や、季節ごとの仏事・祭礼も含んでいる。

図2　年中行事御障子（「年中行事絵巻」谷文晁による写，国立国会図書館所蔵）

　内裏で催される年中行事については、内裏清涼殿の落板敷に立てられていた年中行事御障子に書き上げられていた。国忌のような行事は改変があるため、それらも随時書き入れ、修復

表２　11世紀初頭ごろの主な年中行事

月	日	名称
正月	元日	朝拝天地四方属星及二陵事
		受群臣朝賀事
		小朝拝事
		宴会事
		式兵両省補任帳進太政官事
		太政官進参議已上上日事
		皇后宮及東宮拝賀事
	上卯日	献御杖事
	3日	行幸事（朝覲行幸）
	4日	太皇太后国忌事
	7日	節会及叙位事
	7日以後	式部省進五位已上歴名帳事
	8日	大極殿御斎会始事
		女叙位事
	11日	除目事
	14日	大極殿御斎会終事
	15日	主水司献七種御粥事
	16日	踏歌事
	17日	内射事
	18日	賭射事
	20日	内宴事
	晦日	神祇官奉御麻事
		御巫奉御贖事
2月	／	春季仁王会
	上申日	春日祭事
	上卯日	大原野祭事
	3日以前	京官除目事
	4日	祈年祭事
	10日	三省申考選及春夏季禄等目録事
	吉日	御読経事
	／	式部省行一分除目事
		式部省行文章生試事
3月	3日	御燈事
	7日	薬師寺最勝会始事
	中午日	石清水臨時祭
	12日	賭射
4月	朔日	主水司始貢氷事
		旬事
	上申日	平野祭事
	7日	二省奏成選短冊事
	8日	灌仏事
	10日	差賀茂斎内親王禊日前駈奏聞事
	中午日	斎院禊事
	中申酉日	賀茂祭事
	戊日	解警固陣事
	15日	授成選位記事
	20日以前	奏郡司擬文事
		任郡司事
5月	3日	六衛府献菖蒲并花事
	4日	奏走馬結番并毛色事
	5日	節会事
	／	分給武徳殿前幕所事
	6日	競馬事
	中下旬	賑給事
	／	雷鳴陣事
	／	解陣事
6月	朔日	内膳司供忌火御飯事
	3日	奏侍臣并出納夏等第文事
	7日	中務省申諸司夏衣服目録事
	10日	奏御卜事
	11日	神今食祭事
	25日	任左右相撲司事
	／	道饗祭事
	／	施米事
7月	／	秋季仁王会
	8日	文殊会事
	13日	三省申春夏馬料文事
	／	相撲人入京事
	15日	七寺盂蘭盆供養事
	28日	相撲召合事
	抜出日	給甘瓜上達部儀
8月	上丁日	釈奠事
	15日	牽信濃国勅旨御馬事
	28日	牽上野国勅旨御馬事
	／	御読経
9月	3日	御燈事
	9日	節会事
	11日	奉幣伊勢太神宮事
10月	朔日	旬事
	3日以前	点定五節舞姫事
	10日	興福寺維摩会始事
	17日	奏維摩会文事
	21日	大歌始事
11月	中寅日	鎮魂祭事
	下酉日	賀茂臨時祭事
12月	13日	預点元日侍従及奏賀奏瑞奏聞事
		点荷前使参議已上奏聞事
	19~21日	御仏名事
	／	荷前事
	／	勘申諸国受領吏功課事
	／	陰陽寮大寒入日立土牛童子像事
	晦日	宮内省率典薬寮進御薬事
		差分物間事
		追儺事

『小野宮年中行事』（『群書類従』６輯所収）による

の際に本文が整えられていったようである。またこれ以外にも『九条年中行事』『小野宮年中行事』などの著作物があり、それらによって十〜十一世紀の朝廷年中行事の全容をうかがい知ることができる。

十一世紀初頭頃の主な年中行事を、『小野宮年中行事』に基づいてあげてみると、表2のようになる。主なものだけでも一〇〇近くあり、ほぼ毎月、びっしりと詰まっていることがわかるだろう。もちろん、全員がこれらのすべてに参加するわけでもなく、月によっては多少の差もあるが、これに記されない行事も数多くあった。なにより、各行事には準備が必要であったことを忘れてはならない。平安貴族たちにとっては、全体として担当を分担しながら、これらを滞りなく実施することこそが、政治だったのである。

では、年中行事を行なうとは、どういうことなのだろうか。もちろん、ただ決められた日時に、所定の場所へ行けばよいというものではない。また、そこで自由にぶらぶらしていてよいというわけでもない。

それでは前置きはこのあたりにして、次にこうした平安貴族たちの姿を、見ていこう。

平安貴族たちは、どういう人生サイクルを送ったのか?

公卿

平安貴族たちには、公卿（くぎょう）・諸大夫（しょだゆう）・侍たちという身分差のあることは、プロローグにおいて触れた通りである。では、それぞれの身分に属する人びとは、どのような官職に就きながら出世していったのだろうか。まずは、それぞれの典型例を示しながら、各身分に属した人びとが、どのような肩書きを有していたのかを概観しておきたい。もちろん具体的には、各人の出自や時々の情勢により、個々それぞれに違いが生じる。だが、おおまかな傾向を指摘することは可能であろう。

本書では、太政官（だじょうかん）を舞台とすることが多い。そこで、太政官における各身分の人びとを念頭に置いて、それらの人びとがどのような人生サイクルを送っていたのかを、例示しておきたい。これによって読者の皆さんは、各身分に属する人びとを、具体的にイメージしやすくなるのではないかと考えている。

二つの昇進ルート

公卿は、従三位以上の位階を授けられた人びとであるが、もちろん、いきなり従三位に叙されるなどということは、滅多にない。平安中・後期では、元永二年（一一一九）八月に、後三条院の孫で、輔仁親王の王子であった有仁王に「源朝臣」姓が授けられ、即日、従三位へ叙されたという例がある。しかしこのようなことは珍しく、多くの場合、最初に授けられる位階は、一世源氏（天皇の子ども）が従四位上、二世源氏（天皇の孫）は従四位下とされているように、いかなる貴種といえども最初の位階は四位・五位・六位であった。各自、そこから昇進していくのである。

もちろん四位・五位・六位といっても、それほど低い位階ではない。後にも触れるように、侍身分の者どもからすれば、四位はほとんど手の届かない地位であり、五位・六位も若年では得られない。従五位下という侍身分であれば晩年になってようやく叙されるかどうかといった高い位階を、摂政の嫡男であれば元服と同時に、一〇歳前後で授けられる。高い位階を有する公卿の子弟が、初めからこのように高い位階を授けられる制度を、「蔭位」という。

平安時代中・後期は、公卿の家格が確立していく時代であるとされている。そしてそこでは、羽林・名家という二系統の昇進ルートが形成されていった。この二つのルートが、公卿の昇進ルートの基本といえよう。そこでまず、この二ルートがどのようなものかを紹介しておく。ポイントとなるのは、どうやって従三位に叙してもらうか？　である。

まずは『公卿補任』によって、十一・十二世紀に公卿となった人びとが、従三位に叙される直前にどのような官職に就いていたかを見てみる。すると、蔵人頭であることが非常に多いことがわかる。蔵人頭は、内裏清涼殿などで天皇の暮らしを支えた五位蔵人・六位蔵人たちの管理職であり、蔵人所の実質的なトップであった。定員は二名で、多くの場合、近衛中将を兼ねていた「頭中将」と、弁官（大弁・中弁など）を兼ねていた「頭弁」とが配されており、いずれのポストからも短期間に従三位へ叙されることで知られている。出世間違いなしのポストである。また、たとえ蔵人頭でなくても、（左・右）近衛中将や（左・右）大弁として労（勤務実績）を積むことによって従三位へ進むこともあった。つまり、この蔵人頭・近衛中将・大弁という三種類の官職が、公卿となる直前に就いていた官職の代表例なのである（図3）。

このうち、近衛中将から昇進してきた公卿が「羽林家」の、弁官から昇進してきた公卿

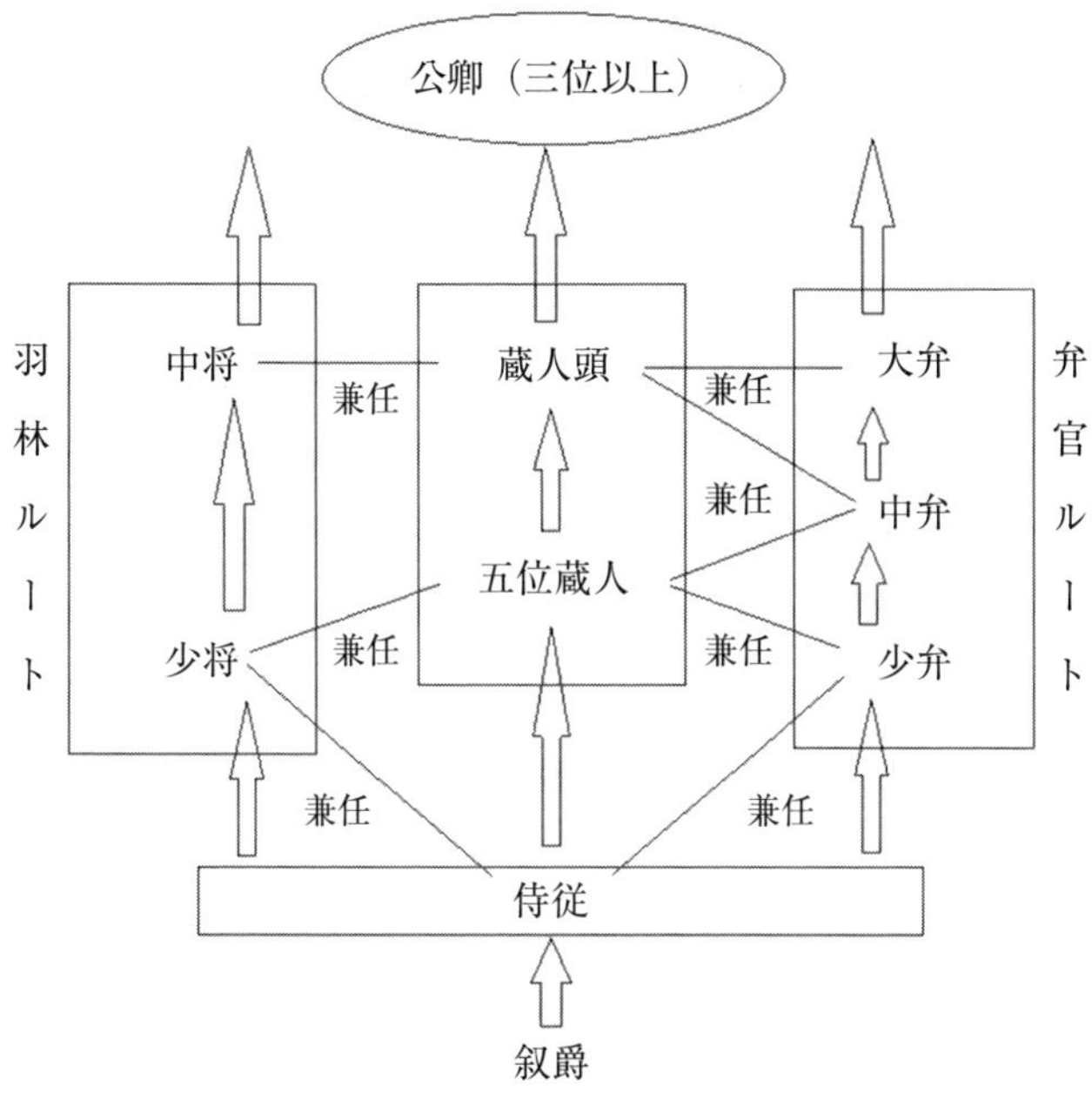

図3　公卿への昇進ルート例（羽林系と弁官系）

が「名家」のもとになっている。それぞれを、それ以前からの代表的な官職で示していくと、図3のようになる。弁官となった者は、少弁から中弁をへて大弁へ進んでゆくが、その過程で五位蔵人や蔵人頭を兼ねることも多い。また近衛少将から近衛中将へ進んでゆく場合も、その過程で五位蔵人・蔵人頭を兼ねることがあった。このように、蔵人を兼任しながら、弁官または近衛中将をつとめるというのが、それぞれの典型例であろう。とはいえもちろん、これ以外のルートを経由してくる者もおり、また途中で受領や権守・権介のような地方官を兼務したり、中宮職・皇后宮職などにつとめて昇進してくる者も多く見られ、バリエーションは豊かだ。

貴種は若くして公卿となる

具体的な事例にしたがって、この二大昇進ルートを確認してみよう。まずは一般的な羽林ルートの人物として、藤原宗俊を例にしてみよう。宗俊は、道長の次男頼宗の孫であり、『中右記』の記主として知られる宗忠の父である（表3）。宗俊は、一二歳で従五位下とされ、侍従から少将→権中将→中将と進んでいった。典型的な羽林ルートといえよう。正四位下・右近中将となったところで蔵人頭（頭中将）に抜擢され、そこから一年そこそこで参議へ進み、その翌年には従三位となって公卿身分へ到達している。時に二三歳、従五位下となった叙爵からは、足

表3　藤原宗俊の官位（従三位まで）

年　月　日	西暦	年齢	位　階	官　　　職
永承1	1046	1		
天喜5・8・22	1057	12	従五位下	
康平1・8・22	1058	13		侍従
康平2・1・5	1059	14	従五位上	
2・13				右近少将
2・15				左近少将
康平3・1・6	1060	15	正五位下	
2・21				伊予介(兼)
11・28			従四位下	
康平4・12・8	1061	16		右近権中将
康平6・1・5	1063	18	従四位上	
2・27				右近中将
康平7・1・6	1064	19	正四位下	
康平8・3・29	1065	20		近江介(兼)
12・18				蔵人頭・右近中将
治暦2・2・8	1066	21		近江権介(兼)
治暦3・2・6	1067	22		参議・右近中将
治暦4・3・5	1068	23		讃岐権守(兼)
4・17			従三位	

かけ一二年を要している。

次に、弁官ルートをへた人物として、藤原行成をあげておく。三蹟の一人にも数えられる書の名手であるが、優れた行政マンであったことでも知られ、『権記』を残している（表4）。行成は、元服して一三歳で従五位下に叙されると、すぐに侍従となる。そして弁官となるよりも早く蔵人頭とされ、次いで弁官を兼ね、権左中弁→左中弁→右大弁→左大弁と進んでいった。その途次、蔵人頭・右大弁で参議へ任じられ、参議・右大弁の時に従三位を授けられ、三〇歳で公卿に列した。従五位下となってから従三位までは、足かけ一八年かかっている。行成は、摂政藤原伊尹の孫であり、摂関家一族ではあるが、父義孝が若死しているため、やや余計に年月を要している。

宗俊と行成は、ともに摂関家の一族ではあるが、子弟よりは離れた庶流である。叙爵してから従三位までの十数年という年数は、決して遅いわけではない。しかしこの昇進コースを、貴種はフルスピードで駆け抜けていく。たとえば藤原頼通の嫡男師実は、天喜元年（一〇五三）四月に一二歳で元服すると、即日、正五位下に叙された。スタートからして、先の二人より二ランク上なのである。以後、侍従・左近権中将をへて、天喜三年十二月には従三位に至った。まだ一四歳。羽林ルートをへてはいるものの、その間、わずか三年弱

表4　藤原行成の官位

年　月　日	西暦	年齢	位　階	官　　　職
天禄3	972	1		
永観2・1・7	984	13	従五位下	
寛和1・12・24	985	14		侍従
寛和2・8・13	986			左兵衛権佐
寛和3・1・7	987	16	従五位上	
永祚2・1・29	990	19		備後権介
正暦2・1・7	991	20	正五位下	
正暦4・1・9	993	22	従四位下	
長徳1・8・29	995	24		蔵人頭
長徳2・1・25	996	25		蔵人頭・式部権大輔
4・24				蔵人頭・権左中弁
8・5				蔵人頭・左中弁
長徳3・1・28	997	26		蔵人頭・左中弁・備前守
4・11			従四位上	
10・12				蔵人頭・右大弁・備前守
長保1・1・29	999	28		蔵人頭・右大弁・備後守
3・29				蔵人頭・右大弁・大和権守
長保2・10・11	1000	29	正四位下	
長保3・8・23	1001	30		参議・右大弁・大和権守
10・3				参議・右大弁・侍従・大和権守
10・10			従三位	
長保5・11・5	1003	32	正三位	
長保6・1・24	1004	33		参議・右大弁・侍従・美作権守
8・29				参議・右大弁・兵部卿・侍従・美作権守
寛弘2・6・19	1005	34		参議・左大弁・兵部卿・侍従・美作権守
12・18				参議・左大弁・兵部卿・侍従・播磨守
寛弘4・1・28	1007	36	従二位	
4・28				参議・左大弁・皇太后宮権大夫・兵部卿・侍従・播磨守
寛弘5・10・29	1008	37		参議・左大弁・皇太后宮権大夫・侍従・播磨守
寛弘6・3・4	1009	38		権中納言・皇太后宮権大夫・侍従
長和2・12・19	1013	42	正二位	
寛仁1・6・1	1017	46		権中納言・侍従
寛仁3・12・21	1019	48		権中納言・大宰権帥
寛仁4・11・29	1020	49		権大納言
万寿3・2・7	1026	55		権大納言・按察使
万寿4・12・4	1028	57		死去

でしかない。超特急の昇進である。

　これと比べて対照的なのは、天喜三年七月に従三位となった高階成章であろう。成章は、公卿身分を獲得した時、すでに六六歳であった。叙爵（叙従五位下）は長和六年（一〇一七）正月であり、それからは三八年半。年数計算のスタートを師実と同じ正五位下からとしても、長元九年（一〇三六）七月なので二〇年を要している。実は成章は、羽林・弁官いずれのコースも経由していない。若い頃に六位蔵人をつとめているものの、その後は春宮大進や受領をつとめており、従三位とされた際には大宰大弐であった。というのも、高階氏から公卿があらわれるのは、成章の大伯父成忠以来のことである。つまり本来、高階氏は公卿へ進むような家系ではなかったことがうかがえる。これほどの年数を要したのはそのためである。

　では、なぜ成章は従三位まで昇進できたのだろうか。その理由の一つに考えられるのが、成章の妻賢子が、後冷泉天皇の乳母であったという点である。成章は、そのお蔭で昇進できたのであろう。なお賢子は、紫式部の娘である。

　貴種として生まれた者は、高い位階からスタートし、出世コースを猛スピードで駆け上っていき、若くして公卿となる。しかし、その他の多くの公卿子弟は、それぞれの出自・

先例などに応じて、各自のスピードで進んでいっており、公卿身分に到達するのは二〇代後半から三〇代にかけてになることが多かったようである。そして、それらの人びとの最末端には、高階成章のような本来は公卿になれない出自をもつ人びとがいたが、何らかの理由で引汲（いんぎゅう）された場合に限り、公卿にまで到達した。とはいえ彼らが公卿となれたのは、もう老齢に及んでからであっただろう。公卿となる年齢は、その家系の貴種性とほぼ比例していたのである。

諸大夫

大夫外記と大夫史

諸大夫は、四位・五位（正四位上から従五位下まで）の位階を有する人びとである。太政官で働く官人たちの中で、その範疇に属する者の代表として、本書では大夫外記（大外記）・大夫史（左大史）をあげておきたい。もちろん、太政官で諸大夫身分に該当する官職には、前出した弁官（大・中・少弁）が著名である。弁官の方が、史料中にあらわれる記述も多い。だが前述のように、弁官に補される者の多くは、いずれ公卿へと昇進していく人びとであった。弁官は、公卿候補者のための官職であったといってもよいだろう。弁官について述べても、それは公卿について述べることと大差がないのである。そこで本書では、公卿と諸大夫との違いを明確にするためにも、大夫外記・大夫史を、太政官における諸大夫の典型としておきたい。平安時代中・後期において、この両者からは間違いなく公卿へ昇進できなかったからである。

なお諸大夫身分を代表するポストといえば、受領が思い浮かぶのではないだろうか。受領は、国守（一部は介）として地方支配を任され、朝廷を経済的側面から支えていたが、そのほとんどは諸大夫身分であった。受領以外の該当する官職を見ていくと、その多くは諸司の長官級である。造酒司のトップである造酒正、左馬寮の長官である左馬頭などがそうである。諸大夫には、受領やこうした諸司長官のような、明らかな管理職ポストが目立つ。

それゆえ、あえて現代の会社組織でイメージの近いものを見いだすならば、公卿が全体を見渡して指示を出す経営陣であるのに対し、諸大夫は各分野・各地域の責任者をつとめた部長・支店長・工場長といったあたりがよいのではないだろうか。そうした、リーダー的存在であると同時に、上役の指示にしたがってそれぞれの任務を果たしていたのが、諸大夫身分の人びとによく見られる特徴といえようか。では本書で取りあげる大夫外記・大夫史とはどういう役職なのかを説明しておこう。

太政官には、内部機関として少納言局（外記局）と弁官局とが存在する。少納言局には少納言が、弁官局には弁官がそれぞれ上役として配されている。各局内で、それぞれの下僚として、文書管理・作成をはじめとする実務を担ったのが、外記・史である。少納言局には少納言の下僚として外記が、弁官局には弁官の下僚として史が配されていた。そして大夫外記（五位外記）・大夫史（五位史）はそれぞれ、外記・史の上首（管理職）なのである。大夫外記は他の六位外記を、大夫史は他の六位史を従えて、それぞれの職務遂行を指揮していたのである。

この身分の人びとにとって、もっとも重要なのは、いかにして従五位下に叙されるかという点であろう。従五位下といえば、最上級の公卿である摂関家の子弟であれば、元服と同時に与えられる程度のものであり、前出した師実の場合、それより二ランク上に一二歳で叙されている。しかしこの位階に叙されないと、諸大夫身分（貴族）に到達しないので、従五位下を授けられることは「叙爵」と呼ばれて重視されてきた。諸大夫身分の人びとにとっては、身分を維持するためにも、叙爵が最低限の目標なのである。

叙爵するには

叙爵されるためには、どうすればよいのだろうか。直前の位階は正六位上であるが、それを有しているだけでは、叙爵されない。叙爵されるためには、何らかの官職に就いて、そこで叙爵される順番を待つのが一般的である。叙爵された人びとが、直前にどのようなポストにいたのか、また叙爵された理由などは、叙位の際に「尻付」として添え書きされているので、それをまとめてみよう。

表5は、叙位の際に書された尻付を一覧表にしたものである。これを見れば、どのような立場・官職にある者が、叙爵されやすいかがわかるだろう。「王家」としてまとめたのは、尻付に「貞観御後」などと書かれた王である。どの天皇の子孫かはその在位中の元号で書かれる。ちなみに「貞観」は清和天皇を指している。「氏爵」は、源・藤原・橘の各氏に与えられたもので、各氏の氏人の中から一人ずつが叙される。「開門」は、伴・佐伯両氏へ与えられるものである。ここまでの三種類はいずれも、出自による叙位といえよう。次に「御給」は、院・宮・親王・公卿などに給付されるもので、それらの人びとから推挙され、叙された。いわば身分の高い人びとに与えられた推薦枠のようなものである。そして以上による叙爵は、叙爵された本人の力量というよりも、特権によるものといえるだろう。

続く「蔵人」以下のところが、官職による叙爵である。それぞれの官職に就いて勤めを果たし、それを評価されて叙爵されるのである。ただこれには、見てわかるように、叙爵されやすい官職と、そうでないものとがあり、どの官職も平等というわけではない。なか

内記	陰陽允	諸司	使	衛府	馬允	策	その他	典拠
		1				1	功臣後1，前坊2	本朝世紀
		2	1				近江掾・備中掾16	本朝世紀
	1	2		1	1		近江掾・備中掾21	本朝世紀
1		4	2	3			関白家令1，入内1	中右記
1		3		2	2		大臣家令1，入内1	中右記
		4	1	3	1		賞譲1，博士1	中右記
	2	3	1	2	2	1	入内1	本朝世紀
		6	2	2			賞1，入内1	本朝世紀

でも①蔵人～史と、②それ以外とに分けられよう。もちろん、①の方が優遇されている。①の諸ポストは、毎年ほぼ必ず叙爵されるので、これらは「巡爵（じゅんしゃく）」と呼ばれている。先にも紹介した外記・史もここに含まれているので、外記を例に叙爵までの様子を確認してみよう。

外記の定員は、平安時代中期には五名であり、その内訳は大外記二名、少外記二名、権少外記一名となっていた。ただし大外記のうち一人は、五位外記（大夫外記）であり、すでに五位の位階を有しているから、叙爵を待つ六位外記は四名となる。この四名は、補任（ぶにん）された順番に序列が決まっている。よほど欠勤を続けない限り、この序列がひっくり返ることはない。そして叙爵も、この序列通りにされていくのである。具体的には次のようになっている。

六位外記に補された者は、まず権少外記とされる。一

表5　11世紀における叙爵の尻付

年　月　日	西暦	王家	氏爵	開門	御給	蔵人	式部丞	民部丞	外記	史	大蔵丞
治暦4･7･19	1068	1	3	2	5	1	1	1	1	1	
治暦4･11･21	〃	1	4		5	1	1	1	1	1	1
寛治1･11･18	1087	1	4		7	1	1	1		1	
嘉保1･1･5	1094	1	3		9	1	1	1	2	1	
永長1･1･5	1096		3		9	1	1		1	1	2
承徳1･1･5	1097		3		8	1	1	1	1	1	
康和1･1･4	1099		2		8	2	1	1	1	1	
康和5･1･6	1103		3		9	1	1	1	1		1

度に二名の欠員が出た時などは、少外記・権少外記を一名ずつ補すが、六位外記がいきなり大外記から始まることは、この時期にはない。そして上位の六位外記が叙爵していくのにしたがって、権少外記→少外記（下臈）→少外記（上臈）→大外記と進んでいき、ようやく叙位の機会が訪れる。叙爵した後は、次の叙目（じもく）で宿官（しゆくかん）（諸国権守など）へ転出する。ほぼ補任された順番通りに、毎年最低一人ずつ叙爵されていくので、最長でも四年待てば、間違いなく従五位下となれる。機会はたいてい年に数回あるため、中には、六位外記に補されたその年内に叙爵されることも少なくない。

六位外記が巡爵されていく様子を、保元（ほうげん）元〜三年（一一五六〜五八）を例に見てみよう（図4）。保元元年六月頃、大夫外記には中原師業（なかはらのもろなり）が在任しており、六位外記には惟宗康弘（これむねのやすひろ）以下の四名が就いていた。保元二年正月、まず惟宗康弘が叙爵されて転出し、中原信盛以下の三名が一ランクずつ繰り上がるとともに、新たに中原実弘が権少外記に補任される。中原師業は大夫外記であるから、巡爵にはかかわりなく大外記に在任しつづける。続いて同年八月までに恐らくは中原信盛が叙爵・転出し、大江・三善・中原の三名が繰り上がると、中原広家が権少外記になっている。

さらに十月には、三善信成の叙爵・転出によって、中原実弘・広家が繰り上がって、中原師茂が新補された。叙爵の順番を飛ばされた大江以孝であったが、保元三年正月に無事に叙爵・転出すると、大夫外記の一族である中原広家が中原実弘を超越するとともに、三善為任が権少外記に加えられる。広家はその年の十一月に叙爵・転出したので、三人が繰り上がって中原業長が補任され、年末十二月に中原実弘も叙爵されて、中原広能が新たに加わった。

保元３年正月		11月		12月
中原師業		中原師業		中原師業
中原広家		中原実弘		中原師茂
中原実弘	→	中原師茂	→	三善為任
中原師茂		三善為任		中原業長
三善為任		中原業長		中原広能

巡爵では、このようにほぼ補任された順番（臈次）にしたがって、順番に叙爵されていく。六位史も同じようなシステムで、右少史（定員二名）に始まり、左少史（同二名）→右大史（同二名）→左大史（同一名）と進んで叙爵する。こちらは最長七年かかる

図4　六位外記の巡爵

官　職	保元元年6月		保元2年正月		?月		10月	
大外記	中原師業		中原師業		中原師業		中原師業	
同	惟宗康弘		中原信盛		大江以孝		大江以孝	
少外記	中原信盛	→	大江以孝	→	三善信成	→	中原実弘	→
同	大江以孝		三善信成		中原実弘		中原広家	
権少外記	三善信成		中原実弘		中原広家		中原師茂	

が、六位外記同様、より短い期間で叙爵されることも多い。六位蔵人、式部丞（しきぶのじょう）、兵部丞（ひょうぶのじょう）なども、同様であった。これらの官職は、叙爵が確約されているうえ、補任されてから叙爵までの期間も短いため、他の六位諸官で評価の高い、選抜された優れた官人が補任されたという。

　ということは、他の六位諸官の場合、補任されてから叙爵されるまでの間に、多くの年数を費やすことになるのだろう。残念ながら具体的なデータを持ち合わせていないので、一般的な六位諸官で叙爵にどれほどの年数が必要かはわからない。ただし、式部丞などへ補任されなおす方が有利であるということから推測すると、最低でも一〇年以上かかることは確実であろう。そうした官職の中には、もしかすると、順番が回ってくるのは老年になった頃というところもあったかもしれない。

　表5（前掲）を見ると、衛府（えふ）からも多くの叙爵者を毎回出していることがわかる。ところが衛府は、そもそもの所属人数が非常

に多い。そのため順番が回ってくるまでには年数が必要であった。その他も、大蔵丞や陰陽允のように、毎年叙されないところがほとんどで、そのようなところでは、どのポストの人物を叙すかという順番待ちと、各ポスト内での序列という二つの順番待ちをすることとなるのである。

もっとも優遇されているのは、六位蔵人であろう。定員が四〜六名と少なく、毎年必ず叙されるうえ、式部丞・民部丞を兼任にしている者もいた。次々に叙爵していき、次々に新たな人物が補されてくるのであるが、六位蔵人に補されるのは、藤原・源・平・橘といった氏の出身者で占められていた。六位蔵人に中原・清原・小槻・丹波などといった氏の者はいない。結局のところ、氏爵にもあらわれているように、称している氏（出自）が大きな壁となって立ちはだかっていたのである。

叙爵の後に

叙爵され五位の位を得た官人たちは、その後、どのようになっていくのだろうか。巡爵で叙爵された六位外記・六位史らの場合、本来は受領とされるのだが、もちろんすぐにはなれない。多くの者はひとまず、地方官の権守・介などに補される。これを「宿官」というが、それとて任期が終われば無官となってしまう。受領は狭き門である。前にも見たように、正月叙位だけでも毎年数十人が叙爵されている。叙位の機会は一年のうちに何度もあるから、毎年五〇人以上の叙爵者がいると考えてよいだろう。しかし国数は六十余に限られており、任期は原則四年であるから、それだけの人びとが全員、受領になれるはずがない。そのため、叙爵されて五位にはなったものの、官途に就けない者が多い。そのような無官となった人びとは、「散位（さんに）」と呼ばれ、もとの官職を冠して「〇〇大夫」と呼ばれる。六位外記から叙爵した者は「外記大夫（げきだゆう）」、式部丞（しきぶのじょう）から叙爵した者は「式部大夫」というようにである。

これらの、位階は有していても官職をもたない散位の人びとは、どのようにしていたのだろうか。外記大夫・史大夫（しだゆう）の活動について調べると、いくつかのグループに分かれていくことが判明する。一つは、当然のことながら、そのまま都で官人として活動する人びとである。もちろん官職には就けていないのだから、他の院・公卿らのもとに家人（けにん）として仕えている。むしろこちらが本職で、家人として仕えている中で評価され、外記や史へと登用されていったと思える者も多い。そういう者の場合、叙爵する前から六位外記・六位史としてつとめながら、公卿の家人としても活動していることが確認できる。

そして第二に、地方支配に関わるさまざまなポストへ分散する人びとである。他の受領のもとで、目代（もくだい）などとしてつとめるのである。その場合、一時的にではあるが、都を離れることとなろう。外記大夫・史大夫の場合、この二グループが非常に多い。ところが中には、三番目として、都を離れ、出身地などへ戻っていく人びともいた。この場合、都での活動はまったく途絶え、確認できなくなり、またその後に何らかの官職に補されることもなかったであろう。

外記大夫や史大夫は、このようにして受領になるための順番を待っていたのである。そして順番がやってくると、受領に任じられた。とはいえ、外記大夫・史大夫に与えられる受領は、豊かな国ではなかった。大宰府管下の九州諸国、なかでも対馬国・壱岐国・大隅国などであることが多く、受領としての得分には乏しい国々が多い。

一方、都で官職を得た人びとの代表は、大夫外記（五位の大外記）・大夫史（五位の左大史）である。いずれも通常、五～一〇年ほどをつとめるが、それぞれの後任は、六位外記・六位史の経験者から選ばれる。つまり大夫外記の後任は、六位外記を経験して叙爵し、受領などとして活動していた者の中から選ばれるのである。十一世紀前半までは、出自に制限も少なかったため、前任者の子弟が選ばれるわけではなかった。それでも、大夫外記は六位外記経験者から、大夫史は六位史経験者から選ばれるのが原則であった。

たとえば、大夫外記の場合、寛和二年～永祚元年（九八六～九八九）という大夫外記としては短期間の在任に終わった大中臣朝明が、六位大外記から叙爵したまま大夫外記をつとめた例があるものの、それ以外の事例はいずれも、叙爵後に受領・宿官として転出した後、大夫外記として戻ってくるというルートをとっている（井上幸二〇〇四）。一方、大夫史の場合、旧来は六位左大史から叙爵した者の中から、大夫史として望ましい人物を転出させずに叙留させ、大夫史にしていた。大夫外記選出においてはイレギュラーな方式であった大中臣朝明の方式が、大夫史では採用されていたのである。

だが寛弘八年（一〇一一）八月に出家した小槻奉親の後任を選出する過程で、藤原道長は受領経験者の登用を強く主張した。道長の主張は、大夫史の選出方式を、大夫外記の選出方式に変更するということであったが、先例がないことを理由に一度は退けられた。だが道長は、同年十二月、再びこの問題を取りあげ、結局は大夫外記と同じく、受領・宿官経験者の大夫史登用に踏み切る。この結果、大夫外記・大夫史は、六位外記（史）→叙爵→受領・宿官→大夫外記（史）というルートに統合されたのである（図5）（曽我一九八三・井上幸二〇一二）。

太政官の外記・史という両官職は、昇進ルートなどにおいて非常によく似た様相を見せている。しかし史よりも外記の方が格上という原則は、明確に守られており、両者が人事

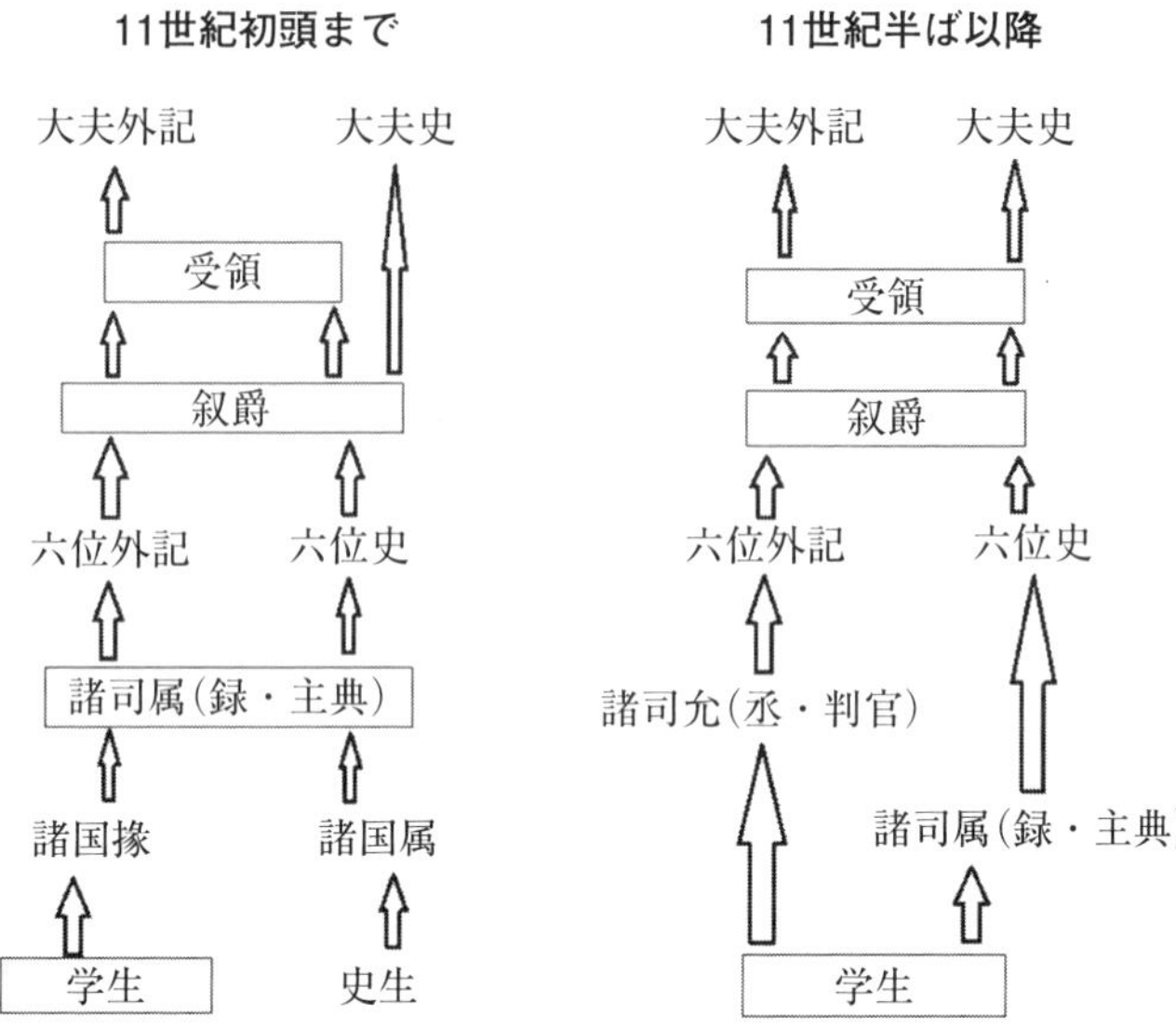

図5　大夫外記・大夫史の昇進ルート例

面で混じり合うことはない。そのため、六位史から大夫外記へ進むような人事は、平安時代前期までは存在したが、平安中期になると、もう見いだすことはできない。両者が、外記方・官方として確立していくのとともに、人事面においても、それぞれが独自のルートを形成・確立させていったのである。ただしそれは、職務上の協働関係まで分断するものではなかった。太政官の実務を担う諸大夫・侍身分の官人集団として、一つのまとまりをもった「傍輩（ぼうはい）」という意識は、互いに強く維持されていたことが、うかがえる。そのことは、以下に述べる中でもあらわれるだろう。

六位外記・六位史から叙爵した外記大夫・史大夫らは、転任当初こそ国権守・国介といった官職（「宿官」と呼ばれる）に就いているが、任期を終えれば、散位（無官）となる。外記大夫・史大夫という呼び名は、そうした散位の元外記・元史への呼称であるが、彼らはどのようにしていたのだろうか。

叙爵後のアルバイト

それを垣間見せてくれるのが、天永二年（一一一一）正月の除目である。そのときの様子を詳しく記している『中右記』同年正月二十一日条の記事を引用する。

僉議あり、「史巡第一の者、（菅野）正基、季仲帥に逢う事、而して法家勘文いまだ切らざること如何、第二の者、（小槻）良俊、陸奥国清平（藤原清衡）の許へ行き向かうは如何」、人々定め申して云わく、「正基なお本罪決っせられず、忽ちに賞しがたきか」、この中、別当（源能俊）一人申されて云わく、「度々、恩赦に逢いて免じ給ふ、何事のあらんや」、史第二は、左宰相中将（藤原忠教か）申されて云わく、「五位以上の畿外に出ずること制あることなり、何ぞいわんや遠国に行き向かうや、よって三・四の者をもって成さるべきか」、予（藤原宗忠）申して云わく、「件の良俊、国家に背き、清平に従うは、もっとも咎あるべきなり、ただしあからさまに下向し、則ち馳せ上るの由、風聞あり、おおよそ外記・史叙爵の後、受領の執鞭として遠国に赴く、巡年の時に参上し、その賞にあずかるは、近代の作法なり、良俊早く参上されれば、何ぞ成し給はざるや」、人々多く予の定めに同ず、

この時には、史大夫を順番に受領へ任じていく「史巡」において、誰を任ずるかが公卿によって検討されている。候補は順番が決まっており、その第一は菅野正基（正職とも）、第二が小槻良俊であった。一枠しかないので、通常であれば正基がそのまま任じられるのであるが、この時、正基は事件に巻き込まれ、罪科の有無が問い合わされている最中であった。誰を任じるか検討しているのは、そのためである。

正基が関与している事件というのは、「季仲帥」に逢ったことと記されている。この季仲という人物は、長治二年（一一〇五）まで権中納言・大宰権帥の任にあった藤原季仲を指している。その年、季仲は、比叡山・日吉社の訴えによって流罪とされ、十二月に周防国へ流されたが、翌年二月に常陸国へ改められていた。つまりは罪人なのである。正基は、その季仲と逢っていたというのだから、罪人と逢っていたことが、処罰に相当するかどうかを検討している最中だったようである。そして、もちろん季仲は常陸にいたはずであるから、逢ったというのも常陸において、ということであろう。正基も、常陸に赴い

ていたのである。

これについて、多くの公卿は、「忽ちに賞しがたきか」（＝今回は任じない）という意見を出したが、検非違使別当の源能俊(よしとし)だけは、「何事のあらんや」（＝任命すべき）という意見を出している。

次いで第二候補の良俊についても検討されている。良俊は、陸奥で藤原清衡に仕えているというのである。そこでは、そもそも「五位以上の畿外に出ずること制ある」（貴族は勝手に畿外へ出てはいけない）のだから、「三・四の者をもって成さるべきか」（二人とも今回は任じず、第三・第四候補の補任を検討しようじゃないか）という意見も出された。

こうした意見に対して宗忠は、次のような意見を述べて、良俊を擁護している。「おおよそ外記・史叙爵の後、受領の執鞭として遠国に赴く、巡年の時に参上し、その賞にあずかるは、近代の作法なり」（外記・史が叙爵した後に、受領に仕えて遠国まで赴くのは、よくあることだ。順番が回ってきたら上洛し、受領になるというのが、近年は多い）。この発言は、当時の外記大夫・史大夫が、叙爵してから受領となるまでの間を、どのように過ごしていたかをよく教えてくれる。最終的には、この宗忠の意見が賛同を集め、良俊も無事に大隅守に補せられている。上洛も間にあったのだろう。

このように、外記大夫・史大夫は、叙爵した後には、受領の部下として赴任し、恐らくは目代などとして、受領による地域支配をサポートしていたのであろう。そして順番が回ってくると自らが受領となり、恐らくはより若手の外記大夫・史大夫を引き連れて、任国へと向かったのである。外記・史が「傍輩」という一体感のある自己認識をもっており、まとまって活動していたことは、本書のところどころで触れるが、それは、外記・史として働いている間に限らず、こうした叙爵後の活動においても認められる。いやむしろ、そうした長い付き合いになることがわかっているからこそ、「傍輩」意識が生まれていき、より強固なものとなって続いていったのであろう。

出身地へのUターン

諸大夫身分の人びとを考えるに際して、注意すべきことがある。表1（前掲）にも示した通り、叙爵する官人は毎回多数に上る。しかし平安京での官職には限りがあるうえ、地方出身者も多数いたことも明らかである。そうすると、貴族となった人びとのすべてが、以後も平安京で官人として仕えつづけたわけではないと考えるのが普通であろう。従五位下の位階を授けられたところで出身地へ戻り、地域支配のリーダーとして新たな活動を始める人びとが、少なからず存在したものと思われるのである。

たとえば平安時代の末期になるが、阿波国の有力な平氏家人として知られる田口成良（重能）は、「阿波民部大夫」と称していた。在庁官人の粟田一族と考えられているが、平氏家人となった成良は、平安京でも活動するようになり、恐らくは平家一門の影響力によって民部丞に任じられ、叙爵後は阿波へ戻っていたのだろう。また、成良とほぼ同時期の治承四年（一一八〇）六月に、粟田良連という人物が無官から権少外記に補されていることにも注意が必要であろう。その後、良連は養和元年（一一八一）正月に叙爵された。任官からわずか半年で叙爵していることだけでなく、粟田という姓や、無官から外記に補されるなど、前例のない補任であった。平氏政権期のイレギュラーな除目が影響していると思われるが、名に「良」字を含むことなどからも、田口成良の縁者と見なせよう。そしてもちろん、この粟田良連という官人は、叙爵後に都から姿を消している。実際、田口成良の伯父に「桜間良連」という人物が確認できる。同一人物と考えてよいであろう。

粟田一族は、平氏家人として平安京で位階・官職を得、貴族にまで昇進した後に阿波へ戻り、平氏一門による阿波支配を支えていたものと考えられる。粟田一族は桜間（徳島県名西郡石井町）を拠点としていたが、文治元年（一一八五）二月の屋島合戦に先んじて、摂津渡辺（大阪市中央区）を出発して阿波勝浦（徳島県小松島市）付近へ上陸したと伝わる源義経の軍勢に敗れ、滅んだという。

従五位下といえば、平安京の貴族社会周辺では、さして珍しい存在ではないかもしれず、比較的ありふれた管理職の官人である。しかし地方へ行けば環境は大きく変化する。従五位下の位階を有していれば、この上ない高貴な身分として扱われ、地域社会のリーダーとなったに違いない。

こうした各地方へと活躍の場を移していった人びとは、そこで地方支配や荘園経営に携わるなど、特に経済的側面で朝廷を支えたのではないだろうか。平安京を舞台とする本書では、そうした人びとの活躍には触れられない。だが平安京におけるさまざまな政治的・文化的活動のいずれもが、経済基盤となっている地方の人びとの活動に支えられていたことは、忘れてはいけないだろう。平安貴族たちのことを理解するためには、平安貴族たち以外にも目を向けなければいけないのである。

侍　ら

昇進できない人びと

侍身分とは、正六位上以下の位階を有する人びとである。太政官で働く官人たちの中では、史生・官掌らが代表的といえよう。諸大夫でもそうであったが、該当する官職には六位外記（大・少・権少外記）と六位史（左大・右大・左少・右少史）があるが、これらに在任する者はいずれ叙爵して諸大夫身分へと進む人びとであるから、ふさわしくない。それらとの差を明確にするためにも、史生・官掌らで代表させるのがよいだろう。

史生・官掌は、太政官と弁官局に配されていた。雑任であるから、無位でも採用され、勤務は毎日ではない。律令（職員令）に定められた定員は、外記史生が一〇人、弁官史生は二〇人、官掌は四人である。

実は、この身分の人びとに、昇進ルートと呼べるようなものは、ほとんど存在しない。なぜなら、ほとんど無官から登用され、その後もほぼ昇進しないからである。そのため、後にも触れることとなるが、史生・官掌として三〇〜四〇年勤続しているような官人も少なくない。そして、誤解のないように申し添えておくが、そのような人びとは決して無能なのではない。むしろその優秀さが公卿・諸大夫たちから認められており、その死去に際しては、公卿が死を惜しむ記事を日記に書き残すほどであった。長期間在任が定着しているプロフェッショナル集団と見なせよう。だがそれにもかかわらず、彼らは史生・官掌からほとんど昇進できないのである。

弁官史生の場合、定員二〇人は最上臈から新任の下臈までに序列化されており、最上臈が引退・死去などで抜けると、一つずつ序列が進み、空いた最下臈に新任の史生が採用されるようなものであったと推測される。最上臈の者が転出していく先は、諸司属（録・主典）か検非違使府生など限られたところしか存在しないうえ、恐らくはかなり高齢になってからであった。そこからさらに先への昇進は、望めなかったであろう。

仮に、定員二〇のポストで、二〇歳で最下臈として加入して、最上臈となって抜けていくのを六〇歳とすると、四〇年をかけて定員二〇が入れ替わるということになる。すると、一五ほどの家系で、親子二人が順次登用されていくようなことを想定すると、近いのではないだろうか。

身分をこえた抜擢は、ほぼない。身分とは、個人の能力ごときではびくともしない、ケタ違いに分厚く高い壁である。それをこえさせることができるのは、強大な権力を握った院権力のような存在だけであろう。だが、そこでなされる抜擢は通常、優れていることを理由にしない。平安貴族社会のなかでは、日常の勤務を続ける限りにおいて、身分をこえるような昇進は、滅多に見られないレア・ケースなのである。

それぞれの仕事

公卿・諸大夫・侍たちは、こうしてそれぞれの生涯を過ごしていく。公卿となる人びとは、諸大夫として働き、公卿から指示を受ける経験を積んだうえで、公卿となる。諸大夫となる人びとは、侍として働き、諸大夫から指示を受ける経験を積んだうえで、諸大夫となるのである。そして侍も無位のままつとめる期間を経験し、職場内の序列を徐々に上げていきながら経験を積み、働いている。それぞれが、一つ下の身分の働き方を経験したうえで、公卿・諸大夫・侍として勤めを果たしていることがわかるだろう。

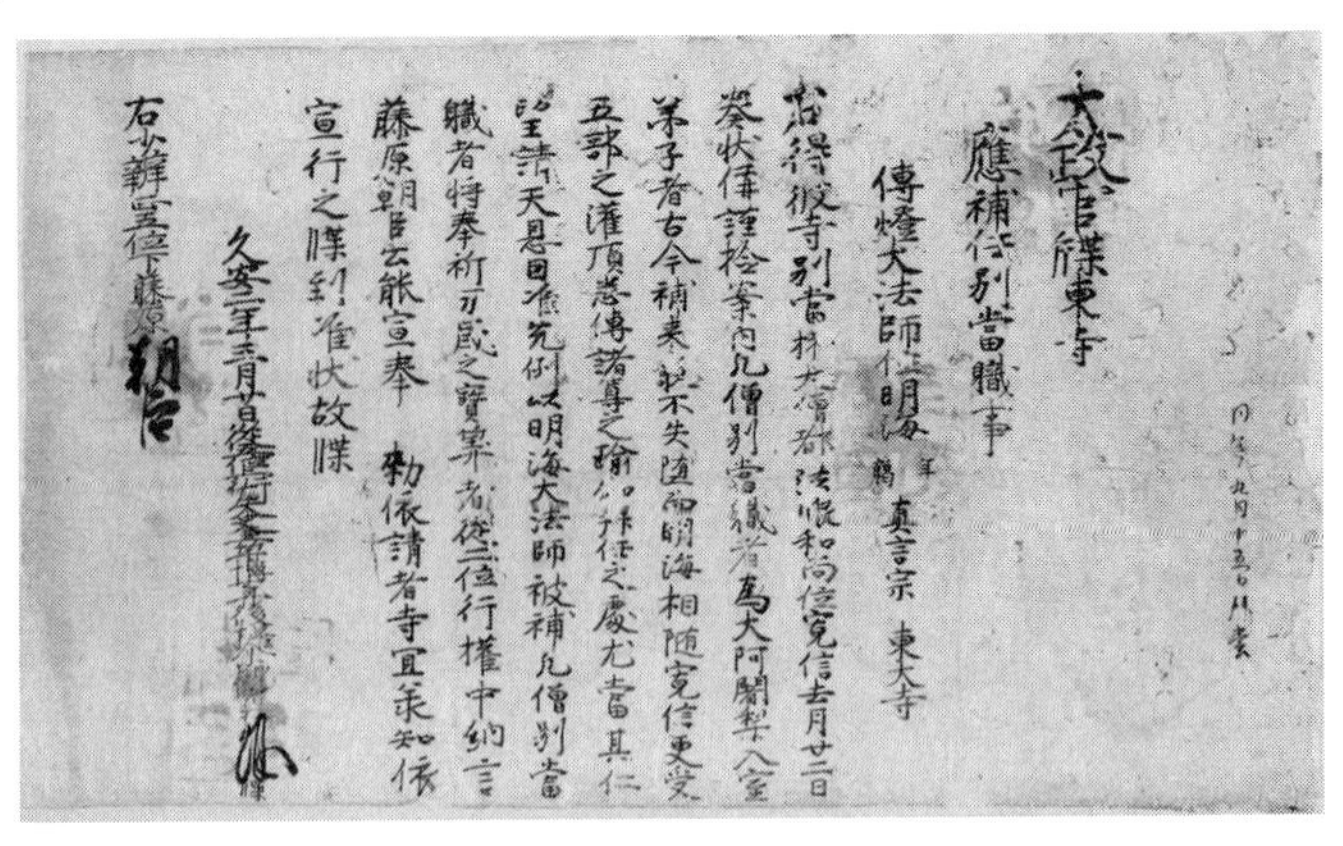

図６　太政官牒（東寺百合文書せ函　京都府立京都学・歴彩館東寺百合文書WEB）

こうした平安貴族たち三身分の立場の違いは、実は古文書にも明確にあらわされている。たとえば朝廷（太政官）が発給する太政官牒の様式を示すと次のようになる。なお太政官牒とは、太政官が発給する牒という様式の文書であり、朝廷と直接の上下関係にない寺社などへは、この様式を用いて伝達される（図６）。

太政官牒　（宛先Ｄ）

応・・・・事

右得××偁・・・者、（人名Ａ）宣、奉勅依請者、（宛先Ｄ）宜承知依宣行之、牒到准状、故牒

年月日　（人名Ｃ）（花押）

（人名Ｂ）（花押）

文書に花押を据えている人物B・Cは、公卿ではない。太政官が発給する牒などの場合、Bは弁官（べんかん）、Cは史（し）である。弁官は四位もしくは五位なので諸大夫、史は五位または六位のことが多く、諸大夫または侍である。文書に花押を据えているのは、諸大夫・侍であることがわかるだろう。しかし太政官の正式な命令文書の発給を、彼らだけで決定できるわけがない。最低でも公卿の裁許が、重要事項であれば天皇の裁許が必要である。そしてそれは、文中に人名Aとして記される。この人物が公卿（上卿（しょうけい））である。そして天皇の裁許を得ているならば、その次に「勅（みことのり）を奉（うけたま）わる」と記されている。つまり決定者については文言だけで示され、そのサインは文書にないのである。天皇→公卿→諸大夫という命令伝達の結果、この文書が発給されていることは、このようにして文書に表現されている。

正式な文書には、文字の書かれた部分全体に印璽（いんじ）が捺されていた。だが徐々に省略されていき、平安中期頃であれば冒頭・末尾などの数か所にだけとなっているが、その文書が正式なものであることを示す重要な証左であり、欠かすことはできない。太政官牒や太政官符の場合には、太政官印（外印（げいん））が捺された。この印を文書に捺す儀式を請印（しょういん）というが、その作業は、少納言・外記らが監督するもとで、史生が行なっていた。史生は侍または無位である。

このように太政官が発給する文書は、公卿が命令して諸大夫（と侍）が署名・監督し、侍（または無位）が捺印することで完成する。つまり、公卿は指示を出し、諸大夫が責任をもって作成・実行し、侍が仕上げの労働をするのである。逆から説明するならば、侍が働き、その働く内容をつくり、働きを監督するのが諸大夫であり、公卿は作業の内容・方向性を指示するのである。現代的な表現に置き換えるならば、それぞれ、事務員、管理職、経営者といったところだろうか。

平安貴族たちの仕事とは、どういうものか?

政務（中文）

前章では、公卿・諸大夫・侍の各身分が、どういった人びとなのかを見てきた。続く本章では、それらの人びとが、どのような仕事をしていたのかを見てもらいたい。まずは、外記政という儀式（政務）を例にして、その様子を、各身分に注目しながら見ていくこととする。

外記政とは

ここで取りあげる「外記政」という儀式（政務）は、外記庁という建物で行なわれる。他の年中行事のように、何月何日に行なうといった決まりはなく、月に何度も、頻繁に行なわれていた。平安貴族たちは、年中行事だけでなく、こういった政務も多くこなしていかなければいけなかったのである。

会場となる外記庁は、平安宮（大内裏）の中、内裏のすぐ東側にある。大きな施設ではないが、内裏への入口として使われる建春門の東正面という場所柄、非常に重要な役割を果たしていた。その一つが、この外記政の実施である。外記政という行事を一言でいうならば、外記庁でなされた「政」というスタイルの政務である。「政」では、まず、上申されてきた申請書類を官人が読み上げる。申請書類には関連資料も添えられており、申請書類を読み終えると、官人はそれらをまとめて決裁者へ渡す。それを受け取った決裁者は、書類を見て、口頭で決裁を下すというものである。基本的には、口頭でやりとりをすることとなっている。こうした、申請書類を読み上げて判断を仰ぐ人物と、書類に目を通して指示を下す人物とのやりとりを「政」というのである。

では外記政は、どのような人びとによって催されたのであろうか。

まず、もっとも重要な人物が「上卿」である。上卿とは、広くさまざまな行事で使われる役割名称で、その行事でリーダーシップをとる人物のこと、つまりは責任者を指している。「卿」とあるように、公卿がつとめている。行事が長期にわたるものや、準備が必要なこともあるため、あらかじめ事前に定められていることも多いが、行事によっては、その日の参加者の中でもっとも地位の高い人物がつとめることも多い。その場合、左大臣が出席していれば当然左大臣がつとめることになるが、左大臣が欠席すれば右大臣が、右大臣も欠席であれば内大臣がというように、議政官の序列にしたがって定まっていく。外記政の場合は、当日出席者の最上位者が上卿となり、決裁を下すことになっていた。

上卿が、その行事をリードするので、あらかじめ定められていた上卿が、当日になって急に欠席したりすると、行事の実施そのものの延期も考慮される。上卿というのは、非常に重要な、責任の重い役割でもあるのだ。

上卿に続く参加者は、他の公卿たち、つまりは大納言・中納言・参議らとなるが、もちろん全員が外記政に出席するわけではない。というより、外記政程度の政務には、ほとんどの公卿は来ず、多くても参議が数名ということがほとんどであろう。このように、公卿は上卿の他には数名といったところである。

実際の参加者の中で多数を占めるのは、太政官少納言局（外記局）・弁官局の官人たちである。彼らは、諸大夫・侍に相当する。少納言と弁官は諸大夫、外記・史（官史）は侍、史生は無位であることが多い。ここで「多い」としたのは、たとえば弁官の場合、最上位の左大弁は従三位に叙されて公卿身分へ昇っていることもあり、また外記・官史についても、それぞれの最上位者は五位を有する諸大夫であった。そして史生も、無位と侍

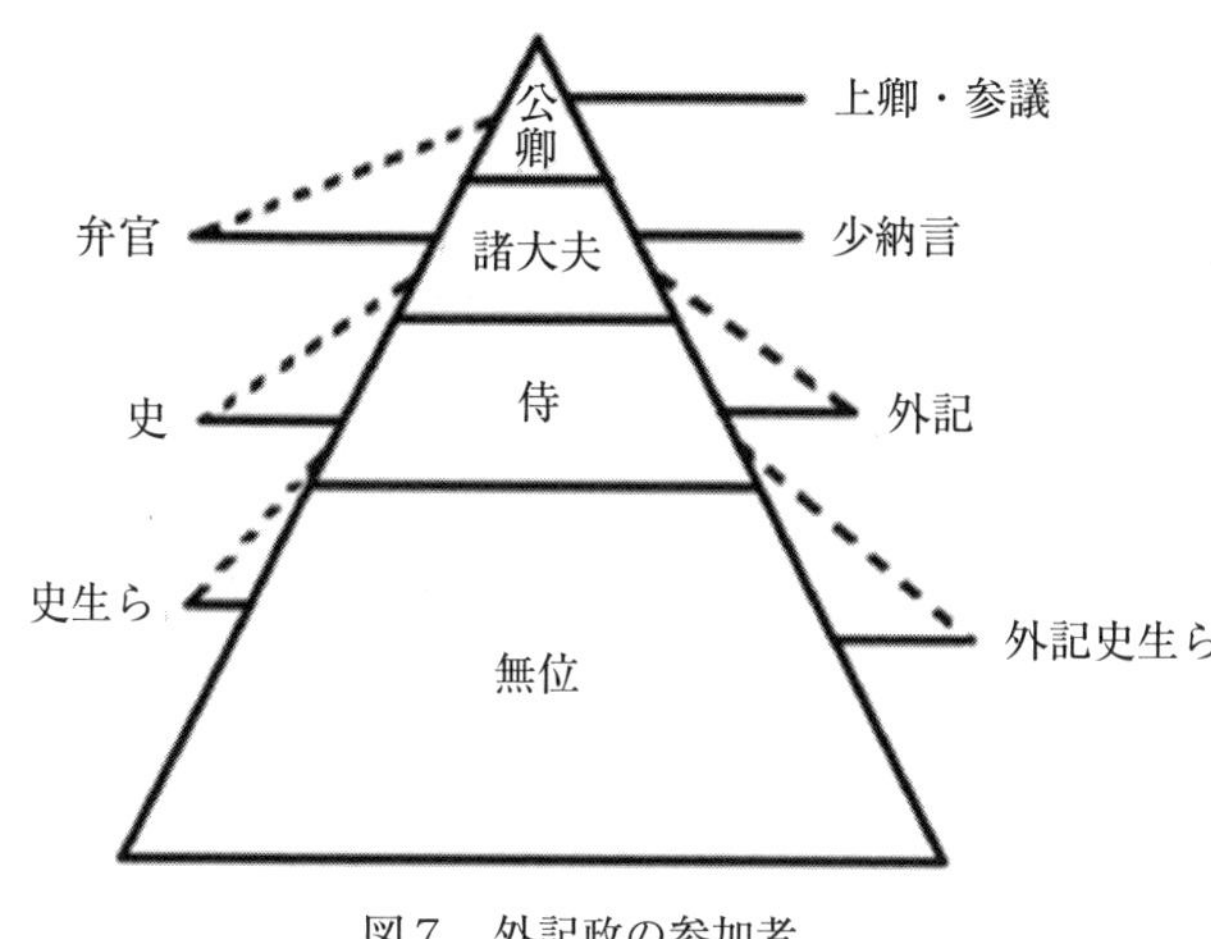

図7　外記政の参加者

の者とが混在している。同一の官職に、異なる身分の者がいることも多いのである。

試しに外記政の参加者を図示すると、図7のようになる。

外記政の進行

ではここで、『西宮記』や『江家次第』といった儀式書をもとに、外記政の進行を再現してみよう。この二書は、いずれも十～十一世紀に編さんされたもので、当時の年中行事や政務についてまとめられた、儀式・政務のマニュアルのような編さん物である。平安貴族たちの研究をするには、とても便利で必須の史料といってよい。

このうち『西宮記』（図8）を著したのは源高明（九一四～九八二）という人物である。醍醐天皇の皇子で、「源朝臣」姓を与えられ、左

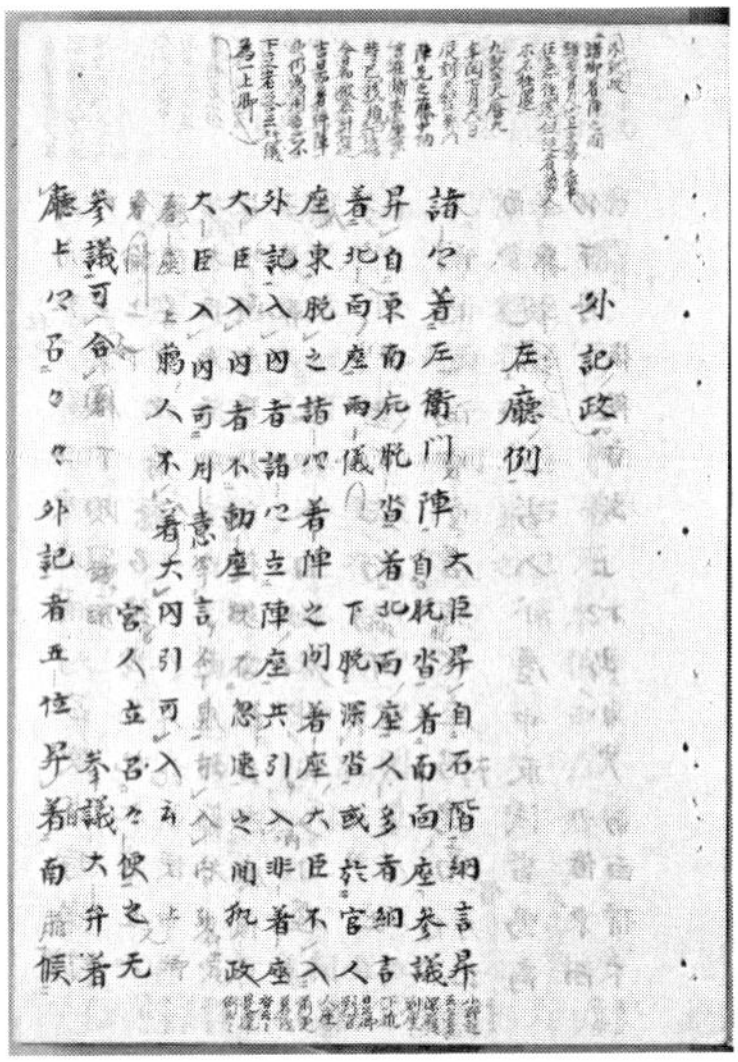

図８　『西宮記』（外記政，国立国会図書館所蔵）

大臣にまで昇っている。安和の変によって政治家としては失脚するが、その学識はよく知られ、また、娘の明子が藤原道長に嫁いでいることでも知られる。

一方の『江家次第』は、大江匡房（一〇四一～一一一一）によってまとめられたものである。匡房は、文章博士としてその学識をほこったが、後三条天皇のブレーンとしても知られ、権中納言にまで昇進している。つまりこの二書はいずれも、公卿によって著された、公卿のためのマニュアルである。もちろん、諸大夫・侍の人びとの動きも記しているが、公卿の手による、公卿のためのものであることは、留意しておく必要があるだろう。そしてこの二書には、編さん年代に一〇〇年以上の差がある。そのため、細かく見ると異なる部分も存在する。そのため以下では、おおまかな進行を記すこととしておきたい。

それでは、外記政の様子を見てみよう。

政務は、会場である外記庁に入っていくはるか以前から手順が定まっている。まずは上卿たちが陣座（じんのざ）に着すところから見てみよう。陣座は、内裏建春門の南脇にある左衛門陣（さえもんのじん）に設けられている。外記政に出仕する公卿は、まずそこへやってくるのだが、それにもルートが決められている。まず大内裏には、東面の陽明門（ようめいもん）から入らないといけない。そこからまっすぐ西進すれば、建春門へ到達する。そして、門の南脇にある左衛門陣へ入り、所定の座に着す。この過程で、上卿だけは特別扱いを受け、他の公卿たちの出迎えを受けることになっている。つまり上卿でない公卿は、上卿よりも先に左衛門陣へ入り、上卿が来るのを待ち、そして出迎えに出ないといけない。そして左衛門陣への昇殿に際しても、上卿だけは石階（せきかい）を用いる。ルートが決まっているのである。他の公卿は、昇殿の際に石階を用いてはならず、靴脱（くつぬぎ）と呼ばれる別の場所から昇らないといけない。

もちろん、左衛門陣内で誰がどの位置に座すかは、それぞれの立場・序列によって定まってくる。想定外に高位の人物がやってきた場合など、急きょ座を譲ることもあるだろうし、参加者がとても多い場合など、最下位の公卿の座すべきスペースがなくなってしまい、座れないということもありえる。想定外のことがおこった際には、その場でどうするかを

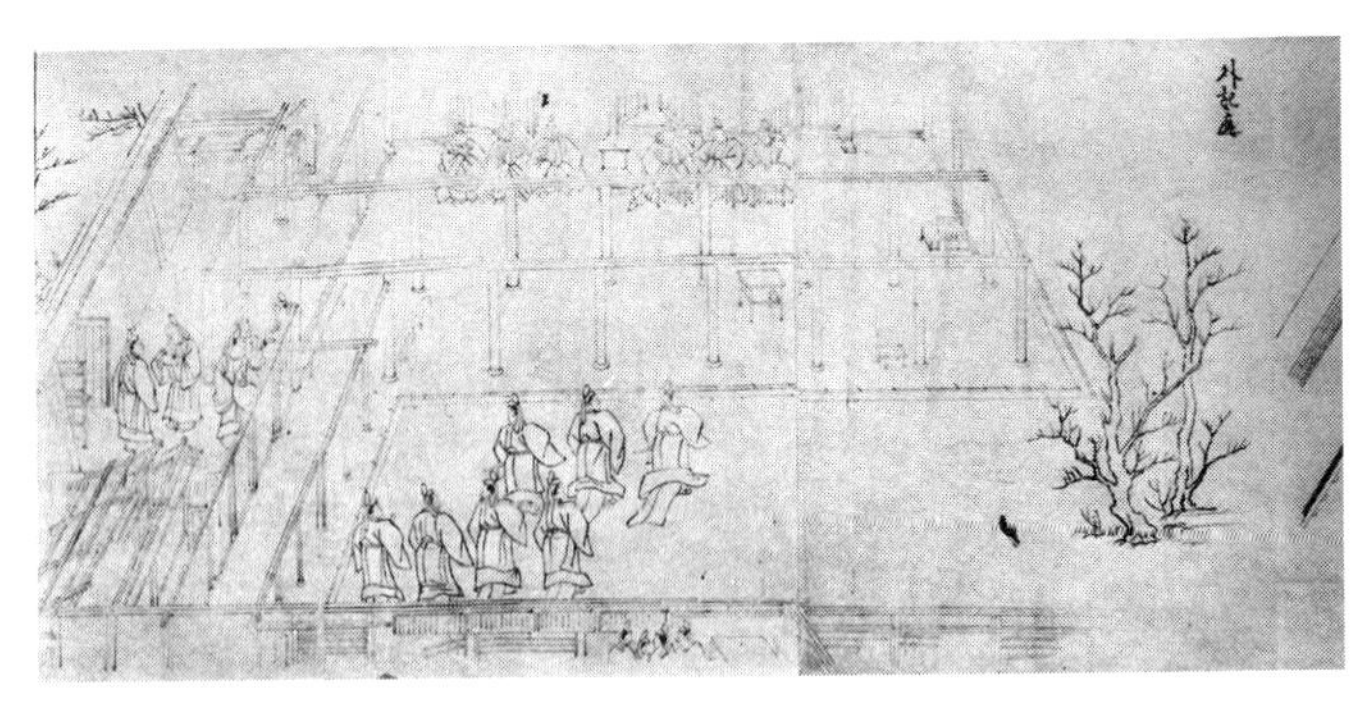

図9　外記政（「年中行事絵巻」個人蔵）

判断しなければいけない。

こうして出仕者が集まり、所定の時間になると、召使（太政官の下級官人、侍または無位）がその旨を伝えにやってきて、同時に弁侍（太政官の下級官人、侍または無位）が円座を持って外記庁のうちへ入っていく。これが開始の合図となり、召使が外記庁の扉を開ける。すると、上卿以下の公卿たちは、左衛門陣を出て、外記庁内へと移動していくのである。もちろん、その移動経路や順番、所作もそれぞれ定まっている。

外記庁内の小屋に上卿が入っていくと小屋の南隣にある結政座にいた官掌（太政官の下級官人、侍または無位）たちが、「鳴高」する。低い声で「オオー」と合唱するのであろう。もちろん、びっくりさせるのではなく、上卿らへの敬意表明である。上卿らは小屋を通り抜けて外記庁の建物に入り、所定の座に着した。もちろん、ここに至るまでの間でも、上卿とその他の公卿とでは経路が少し異なり、もちろん座るべき座も異なっている。

こうして外記庁内に公卿が着すと、ようやく外記政が始まるのである（図9）。

いかがだろうか？

もうたくさん、と思われるだろうが、もう少しおつきあいいただきたい。

文を申す

外記政のメインは申文（もうしぶみ）である。そのためにまず、少納言・弁（ともに太政官の主に諸大夫クラスの官人）と外記・史（ともに太政官の主に侍クラスの官人）が外記庁庭中（ていちゅう）の所定の位置に列立してゆく。位階の高い者から順番に入っていくのだが、立つべき場所には、版位（へんい）という大きな目印（バミリ）があり、そこに立ち並ぶのである。図9は、ちょうど少納言たちが庭中に列立しているところである。座るための床子（しょうじ）が置いてあるのだが、まだ座ってはいけない。上卿から座ってよいという許しがあってようやく、順番に座っていくのである。なお史生も担うべき作業があるが、必要に応じてあらわれ、すべきことを済ませると、庁外へと戻ってゆく。彼らには、会場内にその居場所はないのだ。

まず上臈の弁が「司々の申せる政、申し給ふ」と申文の開始を告げるが、この時、上卿らは何も答えない。続いて中文を読み上げるのは、史の役割である。文書を携えた史が、座している上卿の前へ進み出て、申請内容を読み上げ、上卿がそれへの決裁を下すというように進んでいく。上卿はその時、内容がよければ「よし」とだけ発声することになっていた。そしてその時には、床子に座している少納言と外記が座したままで「称唯」する。低い声で「オオー」と返事をするのである。上卿の「よし」に対し、敬意を表して、その判断にしたがう意思表示のようなものである。なお称唯は、そのまま読むと「しょうい」なのだが、それだと「譲位」と聞き誤りやすく、都合が悪い。そのため、わざと逆にして「いしょう」と読んでいる。

儀式では、三人が中文を申すことになっている。つまり、史が進み出て読み申し、上卿が「よし」と裁許を下し、少納言・外記が称唯するという手順が三度、繰り返されるのである。こうして中文が終わると、今度は位階の低い者から順番に出て行き、次の「請印」という儀式へと続いていく。請印は、書された文書に太政官印を捺していく作業で、そこでは史生が大いに働くのだが、もうそろそろ終わりにしておこう。

ここまで長々と、外記政の進行を紹介してきたが、いかがだっただろうか。儀式の中では、上卿がすべてを指示している。弁・少納言らは、その許しがなければ座れないし、申文への裁許も上卿が一人で行ない、他の公卿は外記庁内に着座こそしているものの、発言の機会すらない。外記政は特に上卿の役割が大きいが、上卿が公事の中心となっていることは、十分にうかがえたのではないだろうか。

それに対して諸大夫はどうだろうか。ここにあらわれるのは少納言・弁だが、申文の開始宣言をしたり、外記・史を率いて入場するといったところに、中間管理職的な位置づけが反映されていよう。そして侍身分の外記・史は、史が文書を読み申すということからわかるように、また詳しくは触れなかったが、請印で史生が働くようなところからも、身体を動かして文字通り働いていることがよくわかる。

前章の最後で述べたような公卿・諸大夫・侍の役割分担は、各年中行事のいたるところに反映されている。公卿が判断・指示したことを、諸大夫が伝達・管理し、そして侍たちが実行していくのである。

陣申文・続文

申文のような政務は、さまざまな場面で行なわれていた。外記政以外にも、左衛門陣で行なわれる陣申文（じんのもうしぶみ）や、結政所（けっせいじょ）（南所（なんしょ））で行なわれる南所申文（なんしょもうしぶみ）などもある。そしてそのスタイルにも差があり、外記政のように文書を読み上げるだけで関係書類のやりとりがないものと、陣申文のように文書を読み上げずに関係書類をまとめて上卿へ渡してしまうものとに分かれる。前者は「読申公文」式、後者は「申文刺文」式と呼ばれ、後者が後発のスタイルとなる（吉川一九九四）。

実は平安時代中期においては、この申文刺文式の政務がメインとなっており、読申公文式の政務は、かなり形式的なものになっていた。政務としての重要度は、明らかに落ちていたのである。外記政に代わって重要度が増していたのが、南所申文・陣申文といった、申文刺文式の政務であった。

平安時代に入ってから整えられてきたこれらの新方式の政務では、申文と銘打つものの、文書は読まない。史は、文書を文刺(ふざし)という道具の先に挟み、上卿に向かって差し出す。上卿はそれを受け取って文書を黙読する。その後、史へ書類を返却した後に、判断を伝えたのである。

この方式の場合、大きな特徴は、その付属資料「続文(つぎぶみ)」の存在であった（谷口一九七二）。続文は、申文の奥（後ろ）に接続して貼り継がれたのでこの名があるが、その内容はつまり、参考となる先例などの記録である。申文の内容とよく似た例や、関連する過去の例をあらかじめ調査しておき、そこでどのような判断を下したかを参考資料として添えているのである。そうすることで、公卿も判断がしやすくなり、また別々の人物が判断を下しても一貫性を保ちやすくなる。関連文書を束ねて渡してしまう申文刺文式の政務では、申文だけでなく、こうした関連文書も一括して上卿に渡すことができるのである。

すると、申文刺文式の政務においては、政務に先んじて準備しなければいけないことが増える。申文の内容に関連する先例を探し出して、続文を作成しなければいけなくなったからである。この作業は誰が行なっていたのだろうか。また続文に記す情報は、どこで、どのように管理されていたのだろうか。

二つの文殿

　太政官行政において、先例は二つの場所で管理されていた（図10）。一つは、先にもあらわれた外記庁に併設されていた文殿。そしてもう一つは、太政官正庁の南西角にあった官文殿である（井上幸二〇一六）。

外記庁では、外記によって外記日記が記されていた。これは日々の政務記録であり、出仕した公卿の名前や、政務の有無、発給文書の写しなどが記されており、文殿内に保管されていた。また発給した文書のうち、重要なものは、写しが長案として保管されていた。さまざまな文書・簿冊が蓄積・保管されていたが、重要なのはその量だけではない。外記日記の内容などで、不審なところ不明瞭なところがあれば内容を確認するなど、他の部署から正確さでもベストとなることを目指していた。外記庁の文殿は、平安時代中期におけ

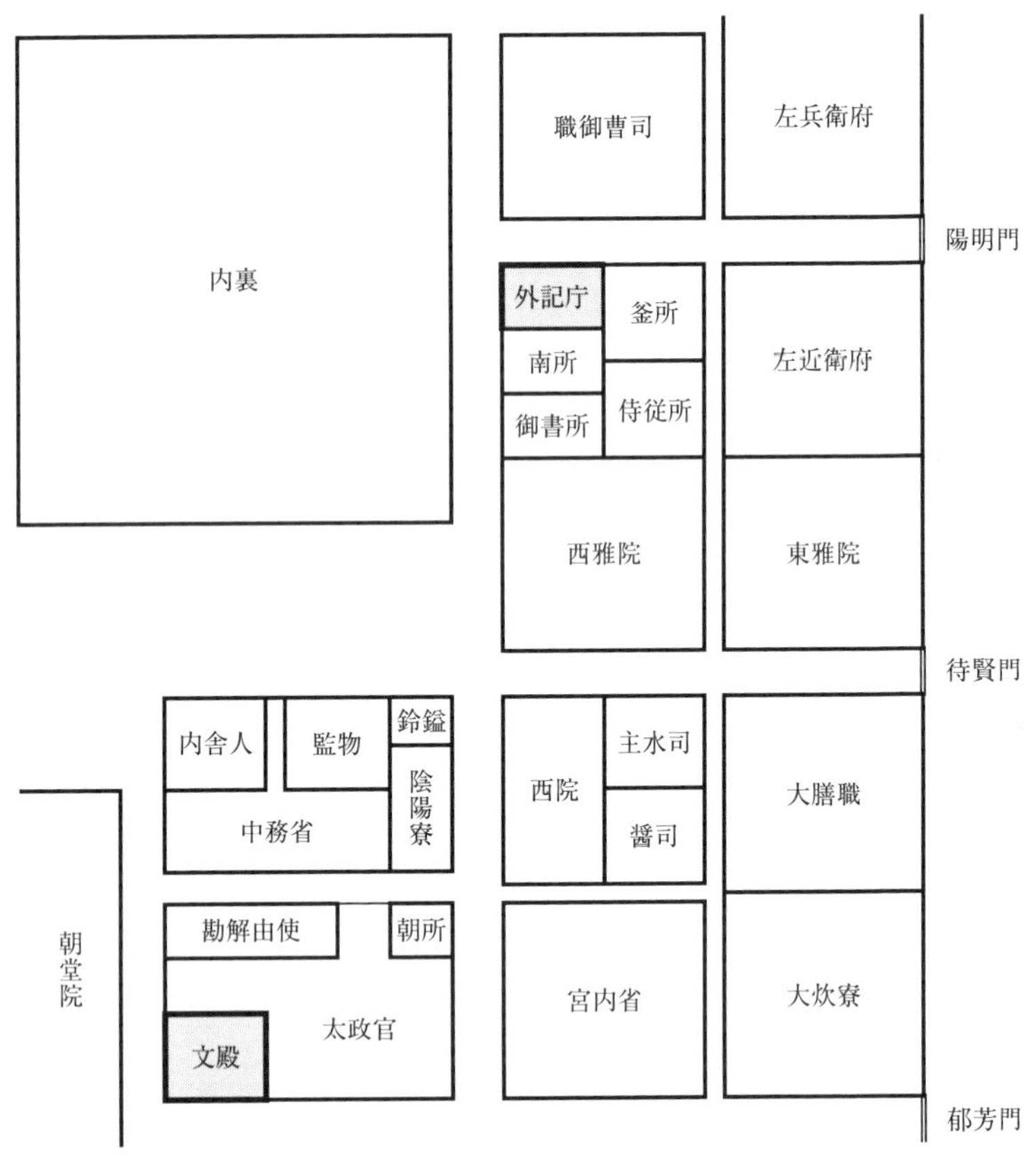

図10　外記庁と官文殿の位置

る朝廷政務の情報において、基準（マザーコピー）としての役割を期待されていたのである。平安時代後期になると、外記日記が書き継がれなくなっていったため、その重要性に陰りがあらわれるが、古い時代の正確な情報を保管している場所だという認識に変化はない。鎌倉時代に焼失してしまうまで、その重要度は維持されたのである。

この外記庁の文殿を管理していたのは、六位外記と史生であった。もともと外記庁に文殿が置かれたのは、そこで外記政が催されたことと無関係でない。政務の場の近くに関連文書を保管しておく方が都合のよいことは、いわずとも理解しやすいだろう。だが外記庁の文殿は、外記政が形式化し、内裏内で政務がなされるようになってからも、重視された。そしてその機会は、内裏における政務で、すぐに判断できないできごとがおこった際である。

たとえば長保四年（一〇〇二）九月八日のことであるが、勘申（先例の調査・報告）を命じられた大外記滋野善言は、「仰せを奉けたまわりて局へ還り」調査をした上で、結果を報告している（『本朝世紀』）。これらの報告は、その日のうちに行なわれていることが多く、命を受けた本人だけでなく、文殿の管理に携わっていた史生をはじめ、他の六位外記も加わって、外記庁で引勘作業を進めたのではないだろうか。公卿への報告は、大夫外記（五位外記）もしくは命を受けた六位外記が行なっているが、だからといって作業そのものも一人で行なったわけではないだろう。

なお外記庁文殿は、収蔵スペースだけを指している。ここに納められた文簿の勘申作業には、外記庁や南所（外記庁南舎）を用いたのであろう。日記や長案をはじめとする文殿収蔵の資料群は「文簿（ぶんぼ）」と総称され、それに基づいて報告がなされたり、勘文・続文が作成・利用されるなどしたのである。

外記によって管理されていた外記庁の文殿に対し、太政官正庁の一角にあった官文殿は、史によって管理されていた。こちらは規模が大きく、官文殿の敷地だけで外記庁全体に匹敵する。外記庁の文殿は、外記庁の一部に過ぎないから、広さにおいてその違いは明白である。しかしこの違いは、そのまま収蔵量の違いには結びつかない。官文殿は、敷地こそ広いものの、収蔵スペース以外に官人の集合場所となれるような広間があるなど、広い作業スペースを含んだ呼称なのである。「文殿」という同じ名称であっても、その指し示す実体には、外記庁のもののように収蔵スペースだけのものや、官文殿のように閲覧・作業スペースも含んでいるものなど、さまざまであったことがわかっている。

官文殿にも、史生が管理担当者として配されていたが、もちろん史生だけですべてを担っていたわけではなく、作業には六位史も加わっていただろう。しかし作業の結果として作成された勘文は、史生三〜四名の名で作成された。

このように、保管された文簿に基づいた先例の調査それ自体は、多くの下級官人、特に六位の侍身分の官人たちにとっては、必要不可欠なスキルであったと思われる。太政官に限らず、平安時代中・後期における六位以下の侍・無位に属する朝廷下級官人たちにとって、勘申はきわめて重要な作業であった。

結　政

政務において、申文・続文といったものを揃えることが広まると、実際に政務が始まる前に、それらが揃っているかをチェックするようになってくる。組織トップへの報告に先んじて、事務方だけで事務局会議をするようなものだ。太政官では、それを「結政（かたなし）」（または「けっせい」）と呼んでおり、主に弁官・史によって行なわれた。

このように、太政官における政務（申文刺文式）は次のような段取りで進んでいった。

①　申文が出される。

②　先例を調べ、続文をつくる。

③　申文の内容と、続文の記述などを確認・検討し、政務（申文）に備える。

④　上卿に決裁を願う。

こうして上卿の決裁が済むと、それを伝達するための文書を作成することとなるのである。もちろんそこでも、諸大夫・侍身分の官人たちが働くのであるが、ひとまずはここまでとしておこう。

間違えると大変

申文は、決裁を求めるものであるが、平安時代中期になると儀式化・形式化が進んでいた。そのため、その実施にはさまざまなルールがあり、中には、先例に基づいた不文律もあった。どういった内容の申文はどこで行なうかといったことから、文書をどのように読み上げるかというようなことまで、いたるところに決まりごとがあったのである。そして、それらを誤ったり、見苦しい振る舞いをしたならば、担当者として大きな失敗をしたようにとらえられるのである。

大江匡房は、『江家次第』の編者として紹介したが、『江談抄』という説話集も残している。その中「第二　雑事」の中に、次のような申文における話が二つ残されている。

惟仲中納言申し請う文の事

惟仲中納言、肥後守たるの時、申し請うの文あり〈文の名、尋ぬべし、忘却し了んぬ〉、陣において上卿に献ず、上卿は一条左大臣雅信なり、上卿この文を難じらる、惟仲もってこれを恨みとなす、上卿命ぜられて云わく、この文は、陣において難じ、里第において許すの文なり、是先例なり、惟仲恥をなすと云々

惟成の弁の失錯の事

又云わく、有国蔵人頭たるの時、瓜三駄の解文をもって、申文に取り違え、陣座に下すの間、惟成の弁失錯を知りながら上卿に読み申すと云々

一つ目の話は、平惟仲が肥後守であった時のことというから、天元四年（九八一）十月以降、寛和元年（九八五）までのことである。肥後守であった惟仲は、申請することがあり、陣座において上卿へ裁許を願った。陣申文であろうから、申文刺文式である。ところが上卿の左大臣源雅信は、関連文書を一覧したうえで、それを許さなかった。「よし」と言わなかったのである。却下された理由がわからず、惟仲が腹を立てていたところ、上卿の雅信がこのように教えてくれたのである。「この申文はね、陣では許可をださず、里第（自分の邸宅）に戻ってから許可を出すことになっているんだよ、先例だよ、先例」。

雅信からすると、先例通りにことを進めていただけなのだが、惟仲の方がそれをよく把握していなかったのである。雅信が、どのようなタイミングで惟仲に声をかけたのかはわからないが、惟仲はとても恥じ入ったようなので、こっそりと安心させるように声をかけ

たというよりは、他の公卿らにも聞こえるように、大きな声で指摘したのではないだろうか。先例を知らなかったがために、惟仲は赤っ恥をかいてしまったのである。

この時、惟仲は四〇歳前後と思われる。すでに権守・介の経験もあり、受領・諸大夫として初心者とはいえない立場であった。だからこそ上卿雅信からすれば、これくらいの先例は惟仲も知っているだろうと思っていたところ、惟仲は知らなかった。そのため、惟仲は恥をかくことになったのである。

さて、この一件で発憤したのか、この後、惟仲は受領として功績をあげている。しかも、それが摂政藤原兼家の目に止まり、兼家に家司として仕えることになった。官職も、弁官から頭弁へと進み、正暦三年（九九二）八月には遂に参議へ進み、翌年十一月には従三位へ到達した。公卿である。惟仲の父は従四位上までしか進めず、公卿にはまったく手が届かなかったことを考慮すれば、大出世といってよいだろう。一方、源雅信は、その間も左大臣に在任しつづけ、惟仲が参議になるのを待っていたかのように、正暦四年七月に亡くなっている。

平惟仲の話に続くのは、惟仲と並んで摂政兼家の側近として知られる藤原有国（在国）の話である。その有国が蔵人頭をつとめていた時のことというので、正暦元年の五〜八月のこととなる。この時、有国は、申文として提出する必要のない書類を、陣座で処理する申文の束へ、誤って入れてしまった。もちろん、本人はそれに気づいておらず、そのような文書が渡されてしまうと、有国は大恥をかくことになる。とはいえ通常は、そのようなミスがないよう、弁官が事前に書類をチェックすることになっている。本来なら、結政ではじかれるはずだ。このようなチェックをするのも、重要な仕事である。しかしこの時、チェックを担当した弁官は、有国のミスに気づいたにもかかわらず、わざと上卿の手許へ文書を差し出し、有国に恥をかかせたという。

弁官本人としてもチェック漏れを指摘されることになるが、よほど有国に恥をかかせたかったのだろう。『江談抄』では、その弁官の名を「惟成」としているが、惟成は永祚元年（九八九）に没しており、年代があわない。もしかすると、「惟成」は先にも登場した「惟仲」の誤伝ではないだろうか。ちょうどこの時、惟仲は弁官に在任しており、有国の申文を結政でチェックしていてもおかしくない。実は、有国と惟仲はともに兼家の側近であるが、有国が官位で少し先行している同世代のライバルでもあった。周囲もそのような両者の関係を知らないわけがない。惟仲は、わざと有国のミスを見逃し、有国に恥をかかせたのではないだろうか。

このように、中文の場では、さまざまな先例を知っておく必要があり、それを怠ると、場合によっては長く恥が記録されることになるのである。もちろん、間違いが生じないよう、弁官らが事前にチェックをしていた。しかしここに示したように、恥をかかせることは競争相手に対するダメージとして有効であるからこそ、わざと恥をかかせるようなことも行なわれていたようである。

「なにがしの史」の知恵

中文の場では、さまざまなエピソードが生まれている。たとえば『大鏡（おおかがみ）』第二巻には、次のような官史のいたことが記されている。

北野とよ（世）をまつりごたせ給ふあひだ（間）、非道なる事をおほせ（仰）られければ、さすがにやむごとなくて、せちにしたまふ事をいかゞはとおぼ（覚）して、このおとゞのしたまふ（給）ことなれば、不便なりとみれど、いかゞすべからんとなげき給ひけるを、なにがし（某）の史が、「ことにもはべらず、をのれ、かまへてかの御ことをとゞめ（止）はべらん」と申しければ、「いとあるまじきこと、いかにして」などのたまはせけるを、「たゞ御覧ぜよ」とて、座につきてこときびしくさだめ（定）のゝしり給ふに、この史、文刺に文はさみ（挟）て、いらなくふるまひて、このおとゞにたてまつる（奉）とて、いとたかやかにならして侍りけるに、おとゞふみ（文）もえとらず、て（手）わなゝきて、やがてわらひ（笑）て、

「今日は術なし、右のおとゞにまかせ申す」とだにいひ（言）やり給はざりければ、それにこそ菅原のおとゞ御こゝろ（心）のまゝにまつりごち給ひけれ、

右大臣であった菅原道真（すがわらのみちざね）（「北野」）は、左大臣藤原時平（ときひら）（「おとゞ」）が申文（恐らくは陣申文）で厳しい判断を下すことに困っていた。どうしても通しておきたい案件があったのである。それを聞きつけた「なにがしの史」が、「ことにもはべらず、をのれ、かまへてかの御ことをとゞめはべらん」（たいしたことではございません、私が、左大臣をなんとかしましょう）と言い残し、申文の場へ進み出ていった。そしてこの人物は、左大臣の前に進み出た後、文書を文刺という道具の先に挟んで上卿へ差し出して渡すのだが、そこで腰を下ろして中腰にかがんだ際、「いとたかやかに」放屁したのである。通常であれば、きわめて見苦しい行ないであろう。しかし時平は、手を震わせ、そして笑いだし、「今日は術なし、右のおとゞにまかせ申す」（今日はどうしようもない、右大臣に任せる）とだけ伝え、場から離れていった。こうして道真は、時平の言葉を受けて、思いのままに政の判断を下すことができたのである。

できすぎのような話だが、この「なにがしの史」は、ここで屁をすれば、時平が笑うだろうと推測をして、わざと「いとたかやかに」放屁したのであろうし、またその後、時平

が笑うのを我慢できず、「今日は術なし」と言い残して上卿の座を道真に譲るであろうというところまで予測できたということである。偶然、そのようになったことがあったかもしれないが、ストーリーの淵源となるような何らかの逸話があったのではないだろうか。そうであれば、この史のとった行動は、通常であれば、明らかに失策でしかない。「なにがしの史」として名を伏せられているのも、そのためであろう。

ただこのような、上卿の性格やクセを知っておくことは、彼ら官人にとっては貴重な知恵だったのではないだろうか。だからこそ、このような話がつくられているのであろう。一字のミスも見逃さない公卿がいれば、書き損じ程度なら見逃してくれる公卿もいたかもしれない。もしかすると、誰が上卿となっているかによって、通るものも通らなくなるかもしれない。そういうことのないよう、続文があらわれるのだが、誰が上卿かによって、その日の申文の数が変わるようなことがあれば面白いだろう。もちろん、そのようなことはわからない。この話からは、そういうことがあったのかもしれないという予測だけをするに止めておく。

なお左大臣時平・右大臣道真という時代は、昌泰(しょうたい)二年（八九九）二月から昌泰四年正月までのことである。この間に太政官史（定員八名）に在職していた者は、一〇名に満たないが、その中から、あえて「なにがしの史」を推定するとすれば、阿刀春正がもっともふさわしいだろう。阿刀春正は、右に示した約二年間を通じて、五位左大史（大夫史）をつとめており、史の中ではもっとも経験が豊富であった。そのうえ、寛平六年（八九四）八月に道真が遣唐大使に補された際には、遣唐録事に名を連ねた人物でもある。二人が旧知の間柄であったことは、間違いないだろう。

働いていない疑惑

本章では、平安貴族たちが政務をどのように行なっているかを見ている。どのような事務仕事を行なっていたかを見ているのだが、このような政務は、どれほどの頻度で催されていたのだろうか。煩雑とはいえ、月に一度しかないとか、年数回であれば、ほとんど遊んでいるように思われても仕方ないだろう。そこで、『本朝世紀』という史料から、平安貴族たちが、どれほどの頻度でこうした政務を行なっていたのかを確認してみよう。この一〇世紀頃の部分は、外記日記という記録をもとに編さんされたと考えられている。外記日記は、外記が記した政務記録で、非常に正確さを求めて記されている。そのため『本朝世紀』の内容からは、政務の催された頻度も、ほぼ正確にうかがえるといってよいだろう。

たとえば、政務が実施された際には、次のように記されている。

表6　天慶元年7～9月の「政」

月日	有無	上　卿	他の公卿
7・5	○	中納言実頼	参議顕忠
11	×	（不参）	参議顕忠
13	○	中納言実頼	参議是茂
15	×	（不参）	参議顕忠
16	×	（不参）	（不参）
21	×	（不参）	／
23	○	中納言実頼	参議是茂
8・1	×	（不参）	（不参）
2	×	中納言実頼	参議顕忠
3	○	中納言実頼	参議是茂
4	×	（不参）	（不参）
7	×	（不参）	／
9	×	（不参）	（不参）
13	○	中納言実頼	参議顕忠
14	×	／	／
15	×	（不参）	（不参）
16	○	中納言実頼	参議顕忠
17	○	中納言実頼	参議当幹 是茂 伊衡 顕忠
23	×	（遅参）	（遅参）
27	×	（不参）	（不参）
28	×	（不参）	（不参）
29	×	（不参）	（不参）
9・1	○	中納言実頼	参議是茂
2	×	（不参）	（不参）
3	×	（遅参）	（遅参）
4	×	（不参）	（不参）
5	○	中納言実頼	参議当幹 顕忠
7	×	（不参）	／
8	×	（遅参）	（遅参）
9	×	（不参）	（不参）
10	×	（不参）	（不参）
11	×	（不参）	（不参）
13	○	中納言実頼	参議淑光
17	×	（遅参）	（遅参）
19	×	（不参）	（不参）
27	○	中納言実頼	参議淑光
28	○	中納言実頼	参議顕忠

『本朝世紀』による．

九月一日乙巳、天晴れ、中納言藤原実頼卿・参議源是茂朝臣、聴政す、申文あり、

通常通りなので、詳しい記述はない。ただ上卿が誰か、出仕していた公卿は誰かという情報だけが記される。この日の場合、上卿は藤原実頼であり、源是茂も出仕していたことがわかる。だが、このような記述は意外と少ない。稀である。むしろ目立つのは、次のような記述である。

八月一日乙亥、天晴れ、諸卿参らず、政なし

といった記述である。試しに、右記二例を含む天慶元年（九三八）七〜九月の様子を一覧表にして見てみよう（表6）。月に四回前後実施しており、いずれも上卿は中納言藤原実頼で、出仕している参議もほぼ固定化している様子が看取できよう。原則は別として、現実には、上卿が日替わりで変わるようなことはなかったことも、見てとれよう。

こうした記録が確かめられると、次のような疑惑が必然的にあらわれるだろう。

公卿ってやっぱり働いてないんじゃないか?

たしかに、これだけを見ると、そのように感じるだろう。ちなみに天慶元年には九月一日段階で参議以上の地位には一二人を数えられる。そのうち公卿身分は八人である。上卿をつとめた中納言実頼は、もちろん八人の一人であり、参議是茂は公卿身分ではない四人

に含まれる。これだけを見ると、この間、残りの一〇人はまったく仕事をしておらず、遊んでいたようにとらえられてしまうだろう。

かつての教科書が記す通り、やはり公卿は遊び暮らしていたのだろうか？

仕事は分担している

朝廷で催される年中行事をはじめ、政務にはそれぞれ、担当者（上卿）が決められていた。誰がどの行事を執り行なうか、つまりは誰がどの行事で上卿をつとめるかを、あらかじめ定めておき分担しているのである。この分担を「分配（ぶんぱい）」という。これにより、各自は、その担当する行事の準備を集中的にすればよいのである。とはいえ、上卿となる予定だった公卿が、触穢（しょくえ）などによって、急に出仕できないようなことがおこったりすると、別の公卿が出仕を求められることになるだろう。ただ、そのようなケースは比較的少ない。

そのため、担当していない行事などには、ほとんど参加しない場合も多かった。参加しても、顔だけ出して早々に退出したりもする。その反面、行幸（ぎょうこう）のような重要かつ規模の大きな行事には、担当者でなくても出仕しなければいけない。上卿以外にもさまざまな役があるからである。

つまり、年中行事を遂行するにあたって、その準備を進めていく中で、いちいち担当者が代わっていては都合が悪い。そこで、そのようなことがないよう、この行事については誰と誰が担当する、というように、担当者は事前に固定されていたのである。その代わり、担当していない行事には、ほとんど顔も出さないことになる。

そしてこのような「分配」は、公卿だけで行なわれていたのではない。さまざまな組織において行なわれていた。太政官であれば、弁官、六位外記、六位史それぞれにおいて、分配を定めている。たとえば後にも触れる天養元年（一一四四）正月の修正について、六位外記の清原重憲は次のように日記に記している。

今日、御斎会幷びに円宗・法勝・尊勝・最勝・成勝寺等の修正始なり、その分配、御斎会は一臈大夫〈景通〉、円宗寺〈忠業〉、尊勝・最勝寺〈知政〉、法勝・成勝〈予〉なり、

（『権少外記清原重憲記』天養元年正月八日条）

六位外記は四名いるのだが、この四名で、同時に催される御斎会と五寺の修正始という六行事を分担して行なおうというのである。四人で行なうのであるから、二人は二つを掛け持ちすることとなる。大江知政と記主（「予」）の清原重憲がそうなのだが、この二人は序列の低い二人である。経験者である上臈が多くの仕事を担うのではない。下臈にこそ仕事はより重く課せられる。知政・重憲は、ともに康治二年（一一四三）正月に六位外記へ補

されており、補されてから一年近くたってはいるが、正月の諸行事は初体験である。分配といっても、公平に分担するのではなく、下臈には仕事が集中しやすいのである。

とはいえ、こうして各役職でそのような分担が進んでいくと、政務ごとに、それを担当する公卿・諸大夫・侍の組み合わせができあがってくる。そうすると、担当する行事に関連する報告・指示・相談などはすべて、その組み合わせの中で行なわれていくようになり、プロジェクト・チームのように動くのである。

実際、大嘗会や伊勢遷宮のような毎年のことではない大規模事業では、その事務を担当する公卿・弁官・史といった人びとの組み合わせが中心となって「行事所」というものが形成され、その担当者はそれぞれ、行事上卿・行事弁・行事史などと呼ばれた（棚橋一九七八）。行事所の上卿は、担当する事務について大きな決定権をもっていたため、行事弁・行事史は、行事上卿の判断にしたがいながら、財源の確保から物品の準備、人事、日程など多様な問題に対処していったのである。

行事所の仕事

行事所では、どのような作業を行なっていたのだろうか。行事所における上卿、弁、史の働き具合を、具体的に見てみよう。棚橋光男氏も紹介している嘉保元〜二年（一〇九四〜九五）の伊勢内宮遷宮行事所に関する史料が、藤原宗忠によって『中右記』に記録されている。この時、宗忠は行事弁をつとめていたため、それに関する記録が多く記録されているのである（棚橋一九七八）。

なお、伊勢の神宮（いわゆる伊勢神宮）には内宮と外宮とがあり、それぞれが定期的な社殿の建て直しを行なっている。これが遷宮（式年遷宮）である。古来、二〇年ごとに行なわれ、平安時代には内宮遷宮の二年後に外宮の遷宮を行なっていた。その後、戦国期には中断し、天正十三年（一五八五）に内宮遷宮が再興された際、内宮・外宮を同年に行なうように変更され、以後、現在まで続いている。

ここで取りあげる内宮遷宮では、行事上卿を権大納言源師忠がつとめていたが、途中から権中納言藤原通俊へ、さらに権中納言大江匡房へと代わっていく。通俊から匡房への交替は通俊の服喪によるもので、不可抗力であった。行事弁もほぼ一年ごとに代わっているが、弁官は入れ替わりが激しいためもあろう。宗忠は、嘉保元年六月から行事弁とされており、右記三人の行事上卿全員と仕事をしている。そして行事史は、一貫して惟宗盛忠（六位史）がつとめている。このように、上卿はもちろん公卿身分であるが、弁をつとめたのも、諸大夫とはいえ将来公卿になるであろう立場にあった。そして史は侍であるが、いずれ諸大夫身分となるはずのポストである。

ここで宗忠らがつとめていた実務の中で、もっとも比重を占めているのが、「役夫工米」の徴収にかかるものであった。この役夫工米とは、遷宮の財源となるもので、太政官符によって全国に賦課された。もちろん、行事所の人びとが徴収の現場に行くことはなく、内宮の造宮使から派遣された「役夫工使」などと呼ばれる使節がそれを行なった。行事所が中心となって許可状（太政官符）を発行し、それを携行した使節が全国で徴収するのである。そして徴収に赴いた使節によって、数々の問題がおこるのである。過分に徴収しようとする使節もいたようだが、もちろんすべてが使節の悪行ではない。徴収に応じない者もいたのである。

行事所には、そのような問題が次々と持ち込まれ、少しでも多く財源を確保しようとする内宮・使節側と、取られまいとする住人側、そしてその仲介をしている国司・国衙という三者の間で、行事所が問題解決をはからなければいけなかった。そして何より重要なのが、そのような中でも、財源をしっかりと確保することである。財源確保を大前提の課題としながらも、使節の横暴は食い止めなければならなかった。

宗忠の奮闘

藤原宗忠が行事弁となったのは、寛治八年（嘉保元年）六月二十四日である。その二日後、行事史惟宗盛忠が引き継ぎのためであろう、文書を持ってきた。宗忠はその時、「このうち、諸国の解状巨多なり」と記している。行事弁としての仕事のうち、多くを占めるのが、これらの解状への対応であった。解状とは上申文書のことであり、諸国から行事所へ向けて、何らかの訴えであったり、許可を求めたり、問い合わせをする際に使われる。

宗忠は七月五日には早速、処理を進めている。『中右記』には、次のように記される。

> また高陽院に参り、解状等を関白殿に内覧す〈殿下、今朝参らしめたまうなり〉、則ち上卿中宮大夫に申し、内に帰参しこれを奏す、陣の辺において行事史盛忠に下す〈越前・能登の解状など〉、

宗忠は、越前・能登からの訴えについて、処理策を定めた後、まずは関白藤原師通に許可を求めている。内容は詳しく記されていないので不明だが、恐らくは、役夫工米に関することだろう。その後、上卿の藤原師忠（中宮大夫）にも許可を求め、さらに内裏へ赴いて堀河天皇にも確認している。こうして、天皇・関白・上卿という三者から許しを得た後に、行事史へ解状を渡している。恐らく解状には、それぞれの訴えに対する方策が追記されているか、もしくは方策をメモした文書が添えられていたはずである。行事史は、その追記・メモ書に基づいて、太政官符など必要な文書を作成していくのである。

続いて、八月一日の様子も見ておこう。

> まず殿下に参り、駿河国解・越前重国解・造宮使請文〈播磨国のこと〉の三通を内覧す、仰せらるることにより、上卿中宮大夫の許に参る、駿河国の状に云わく、白布一段をもって米一石に充てて弁済するの条、帥大納言に云い合わすべし、てへり、則ち彼の亭に向かうに、今朝、山寺に向かわれ了んぬ、殿下に帰参し、この旨を申すの後、晩頭に参内す、而かるに禁中、女官等の中より丙穢出来の由、頭弁告げらるるなり、伊勢遷宮行事たるにより、しばらく禁中に参るべからざるの由、その命あり、逐電退出す、

宗忠は、駿河・越前からの訴え（願い出）などについて、関白に報告して許可を求めている（内覧）。その後、上卿の藤原師忠（中宮大夫）のもとで、駿河国からの解に書かれていた内容について、源経信（帥大納言）に問い合わせるよう申しつけられている。そこで宗忠は、経信の邸宅へ向かったのだが、経信は朝から外出しており、留守であった。経信への問い合わせは後日になるので、それを報告した後、参内する。ところが内裏につとめる女官が丙穢を持ち込んでしまっていたことを、源師頼（頭弁）から伝えられる。参内すれば、宗忠自身も穢に触れたことになる。ところが伊勢遷宮は神事である。宗忠本人が触穢

となれば、行事弁を交替しなければならない。そこで、内穢が終わるまでの間、参内を遠慮することが命じられ、すぐに退出している。

なおこの後、宗忠は二日に源経信のもとを訪ねて先例を問い、その結果を関白師通に伝えた後、再び経信のもとへ追加の質問をして再び報告というように、関係者の間を行ったり来たりして意見をまとめていく。現代なら、携帯電話でちょっと確認するか、メールで資料を送ってもらえば済むような事柄も、当時はすべて、対面して話し合わなければ確認できなかったのだから、仕方がない。

三日には、行事史盛忠から「昨日・一昨日に内覧するところの宣旨、みな下し了んぬ」という報告が届いている。『中右記』には書かれていないが、「越前重国解」など、問題なく許可された案件については、どこかのタイミングで行事史盛忠の手に引き継がれ、文書が作成されていたのである。

このように行事弁は、問題に対する意思決定過程においてきわめて重要な役割を果たしていた。解などの訴え（願いごと、問い合わせ）を受けた後、それぞれにどのようにするかを、天皇・関白・上卿のもとを廻ってまとめあげ、そしてそれでよいという確認を得なければならない。そのうち誰か一人でも異議を唱えれば、訂正することとなるだろう。場合によっては、なかなか意見がまとまらず、関係者の間を何度も行ったり来たりということもあった。

ここでは行論の都合上、行事所を舞台に話を進めているが、実は、このような弁官が天皇と摂関・上卿、そして時によっては一院（いちのいん）らの間を廻りながら意見調整を進め、行政運営していく様は、普段の年中行事にも見られることであった。その場合、行事弁の役割を果たすのは、職事（しきじ）弁官（べんかん）と呼ばれる蔵人と弁官を兼任している者であることが多い。もちろん職事弁官のほとんどは、いずれ公卿へと昇進していくことが予定されている。以前にも記した弁官コースでの昇進である。こうした職事弁官を中心とした行政運営のことは、「職事弁官政治」とも呼ばれ、特に平安時代後期には広く確認されている（井原一九九五）。平安時代中・後期の公卿らの中には、こうした事務仕事を経験してきた人物が、多く含まれていたのである。

現代ともよく似ている

ここで、平安貴族たちが行なっていた仕事内容について、それぞれの役割分担を確認しておこう。

公卿は、一言で言うならば、判断する者である。いわば管理職・責任者であった。『中右記』の例で示せば、関白・上卿であるが、彼らは藤原宗忠が持ち込んだ案件について、先例の確認を指示したり、もしくは許可を与えるなどしている。各案件の決裁内容がそれでよいか確認し、ゴーサインを出すのが仕事である。

それに対して諸大夫は、取り次ぐ者である。いわば中間管理職であった。『中右記』の例では宗忠自身がそうであるが、国々から出された解（げ）を受け取り、それぞれの具体策や先例を調べたり、前任者の意見を尋ねたりしながらまとめあげていき、最後は公卿から許可をもらって実行へ移すところまでを担う。許可をもらう段階では、上卿だけでなく、院・天皇・摂関のもとへも確認に向かい、全体としての合意を形成することが目指されていた。そして合意がもたらされれば、次の文書発給へと移る。

文書発給を担当するのは、侍である。『中右記』の例では、行事史盛忠がそれにあたる。盛忠は、合意が形成された案件について、宗忠から関係文書を受け取り、それに基づいて文書を作成している。一度に複数の案件を渡されることも多いので、間違いのないよう、解に直接書き込んだり、別紙の書付を添えるなどして、対応している。そしてもちろんのことだが、侍たちの仕事の中でも、こうした文書発給を中心とするのは、本書で取りあげている史のような文筆官僚についてのことである。侍身分の中には、もちろん武官を帯び、警衛・軍事に関わる人びとも多い。それらの人びとの職務が、文筆官僚と異なるのは、当然のことである。

ここで現代のお役所の様子を見てみよう。一概には言えないだろうが、ものごとを決定していく際には、おおよそ、次のような段取りを踏むことが多いのではないだろうか。

申請　→　起案　→　回覧・承認　→　決裁　→　施行（文書作成・発送など）

申請書が届いたり、必要な事案が生じたりすると、担当者が起案する。それを他の担当者や上司が回覧・承認していき、決定権をもつ者が決裁を下す。すると許可証などの文書を作成し、また発送するなどの手段を講じて施行していく。もちろんこの過程で、修正・訂正が求められれば、起案者が修正していく。

これを仮に外記政に当てはめてみる。すると、申文や解による申請を受け、結政へ提出するのが「起案」にあたり、結政で書類を整え、内容をチェックするところが「回覧・承認」、そして申文による「決裁」をへて文書が作成され、「施行」していくことになる。行なっていることは違うものの、手続きの段取りはよく似ているようにも思えよう。

先例の学び方

平安貴族たちは、このような先例だらけの政務や年中行事を、年がら年中、繰り返している。そしてそうすることが、彼らの仕事であり、当時の政治とはこのような政務・年中行事を滞りなく遂行していくことなのであった。それが「公事」なのである。

なんだ、それだけか、とお思いかもしれないが、それだけのことでも、実際やってみるとなると、とても大変である。結論から記すならば、公卿の生活は、一年中、ひたすら勉強（予習）漬けといってもよいだろう。特に若くて新任の公卿は大変である。経験がないにもかかわらず、多くの公事を任されやすい。そのため、求められる予習も多くなってしまう。

では彼らは、どのようにして先例を学ぶのであろうか。その第一は、経験者であろう父兄から、直接に教授してもらうことがあげられる。そのため、父兄の存在は非常に重要であった。父兄を早くに失ってしまうことは、本人の公事習得・理解を遅らせてしまうことに直結する。そしてそれは、昇進の遅れにもつながりやすく、最悪の場合、身分の降下すらありえるのである。

第二にあげられるのが、先人の記録を読むことである。十世紀以降には、多くの公卿・官人が日記を記すようになっていた。それらの日記は、個人の感情を記すものというよりも、日々の出仕の様子や、公事に関連して誰がどのような役割をつとめたとか、どのような指示を出したとか、どのような儀式に参加したといったことを記している。時には、イレギュラーな作法を余儀なくされたことを記したり、誰がどのようなミスをしたといったことも記される。父兄・先人が記したそれらの記録を読み直すことで、彼らは公事を追体験し、学んでゆくのである。

そのため、詳細な記録が好まれ、またそれらを編さんして作成した各種のマニュアルも貴ばれた。前出の『西宮記』や『江家次第』もそうだが、他にもたとえば、公卿初心者である参議用のものとして『参議要抄』、上卿になった場合のために『上卿故実』といったように、立場・機会に特化したものも多く編さんされた。そして、行事ごとに日記を編さんし直した部類記も多い。

もちろん、諸大夫・侍身分の人びとにとっても、年中行事・政務の進行・手順を学ばなければいけないことは変わらない。特に、弁官・蔵人にとっては、こういった政務の知識・経験が非常に重要であった。この点は、実務に携わることが多い諸大夫の人びとにも共通する。それに対応して、各種のマニュアルが同じように編さんされた。蔵人には『侍中群要』、蔵人頭には『貫首秘抄』、弁官には『新任弁官抄』、内記には『柱史抄』といったものが著名であろう。

平安貴族たちにとって、これらの日記・部類記や編さん物は、重要な財産であった。そのため、記述の詳しい日記や便利な編さん物は、評判がすぐに広まり、所有者のもとに書写をしたいという申し込みがくることになる。もちろん所有者は、そう簡単には写させないし、見せもしないだろう。書かれている情報自体が、財産なのであるから。こうして、十世紀後半から十一世紀初頭頃を境に、以降の公卿・諸大夫・侍たちは、それぞれの身分に応じて、必要な情報を書き残し、または文書を残していったのである。そこで次にこの点について、触れておこう。

日記の家

歴代の当主が日記を書き連ね、公事についての情報を蓄積していく家系については、「日記の家」として把握されている（松薗一九九七）。表7には、平安時代中・後期の代表的な日記とその記主をあげている。すると必ずといってよいほど、その記主が蔵人頭か弁官（大弁・中弁など）をつとめている。公卿となる人びとの大半がこのいずれかをつとめてきているのだから、当たり前といえばそれまでだが。とはいえ、蔵人頭または弁官だけを経由してきた人物は、例に入っているが、中将だけを経由してきた人物は見当たらない。同じ公卿といっても、蔵人頭・弁官を経験してこなかった人びとは、あまり日記を書かない傾向が見えるだろう。なお、この範疇に入らない記主は、ほ

表７　平安時代中・後期の代表的な日記史料（公卿が記したもの）

史料名	記主	経歴（公卿以前）
小右記	藤原実資	蔵人頭・中将
権記	藤原行成	蔵人頭・大弁
御堂関白記	藤原道長	摂関家
左経記	源　経頼	蔵人頭・大弁
春記	藤原資房	蔵人頭・中将
水左記	源　俊房	准摂関家（道長養子）
帥記	源　経信	蔵人頭・大弁
江記	大江匡房	大弁
大府記	藤原為房	蔵人頭
後二条師通記	藤原師通	摂関家
中右記	藤原宗忠	蔵人頭・大弁
長秋記	源　師時	蔵人頭・中将
殿暦	藤原忠実	摂関家
永昌記	藤原為隆	蔵人頭・中弁
台記	藤原頼長	摂関家
兵範記	平　信範	蔵人頭・中弁
山槐記	藤原忠親	蔵人頭・中将
玉葉	九条兼実	摂関家
愚昧記	三条実房	蔵人頭・中将
吉記	吉田経房	蔵人頭・大弁

権中弁→中弁などと，「権」は省略した．

ぼ摂関家の人物で占められている。

これらの共通点は何だろうか。

諸大夫の中でも、蔵人・弁官らが公事において取次的役割を果たし、また大夫外記・大夫史が六位官人の管理職的役割を果たしていたことは、すでに述べた通りである。そしてこれらの人びとには、ある共通点があった。それが情報管理である。

先例を的確に把握しておかなくては、このような作業に事欠くことになる。そのため、これらの人びとは、多くの場合、日記を記したり、文書を集積したりするなどして、各自が関わってきた政務の情報を集め、蓄積し、そしてそれを次世代へと残していっていた。表中にも名の見える平信範（たいらののぶのり）や吉田経房（よしだつねふさ）の家系が代表例としてあげられるが、蓄積された情報を活用して公事に備えるとともに、それを継承していくことが、その家系（家）を永続的に維持・存続させていくことにつながると見なされ、管理・取り扱いも重視されたと考えられている。

「日記の家」と同じようなことは、大夫外記・大夫史についても当てはまる。中原・清原・小槻（おづき）の各氏では、それぞれが文庫を構え、多くの記録・文書を保有していた。その管理・継承は、一族の間でも重視された。特に十三世紀になってから外記文殿・官文殿がともに焼失してしまったため、以後は大夫外記・大夫史の私有する文書・記録が「公務の明鏡」とまで見なされるようになっていく（井上幸一九九九）。

マニュアルを読んでみよう

公卿・諸大夫が重視した各種のマニュアルの中では、どのようなことが書かれているのだろうか。蔵人の職務についてまとめられた『侍中群要』の冒頭あたりを見てみよう。

冒頭を飾るのは、寛平二年（八九〇）につくられた蔵人式の文章である。そしてそれに続いて、蔵人の補任に関する記述が次のように書かれる。

> 初めて拝する間の事
> 蔵人を補さるる事〈正月七日の叙位以後、除目以前、宜しき日を撰びて補さるるなり、或いはまた、御斎会の次、女叙位の次〉、昼御座に出御〈御冠を着す、御直衣〉、所の別当の大臣に仰せあり〈大納言、その例あり〉、召しにより御前に候ず〈御座の間〉、孫廂の座〈これより先、蔵人、仰せの旨を承り、所の菅の円座一枚、座の間の長押の下に敷く、また件の間、燈楼の縄を反す〉、次いで紙・硯等を召す、蔵人、簀子敷を経て、上卿の右方よりこれを置く〈気色に随いて、兼ねて出納に仰せ、これを儲けしむ、紙屋紙三枚を加え、柳筥一合に紙・筆・硯・刀等を置く〉、書き了わりて御覧ず、返し給ふ、還って退出す

まず「蔵人を補さるる事」と書かれるが、そこに早速、割り書きで注記がなされる。日程に関する情報を、補っているのである。次に「昼御座に出御」とあるが、「出御」と記されているので、主語は天皇であり、清涼殿の昼御座が会場であることがわかる。再び割り書きがあり、その際の天皇の装束について、補足情報が記される。

それ以後、本文は、「所の別当の大臣に仰せあり」（天皇が、蔵人所の別当をつとめる大臣に蔵人の補任を命じる）→「召しにより御前に候ず」「御座間」（大臣が、天皇の御前である御座間へいく）→「紙・硯等を召す」（大臣が紙と硯を持ってくるよう指示する）→「蔵人、簀子敷を経て、上卿の右方よりこれを置く」（蔵人は、清涼殿の簀子敷を通り、上卿〈大臣〉の右方から紙と硯を差し出す）→「書き了わりて御覧ず」（大臣が補任する蔵人の名前を書き、天皇に確認してもらう）→「返し給ふ」（天皇から文書が大臣のもとへ返される）→「還って退出す」（大臣が退出する）というように続き、各ポイントごとに補足・追加情報が割り書きで書かれる。

このように、儀式について書かれる場合は、本文によって進行が示され、割り書きによって先例などの補足情報が補われるというスタイルをとることが多い。『侍中群要』は、このような蔵人の補任に関する記述に始まり、補任された新任蔵人が初出仕（「初参（ういざん）」）でどのように振る舞うべきか、出仕日はどのように管理されているか、どのような仕事をするのかといったことが、項目ごとにまとめられながら、順番に記されていく。また、中には発言する文言をそのまま仮名で記していたり、文書のフォーマットを記したり、図を用いて示しているところもあるなど、実用性に富んだものとなっている。

平安貴族たちは、こうした儀式書・有職書を用いて作法・手順を学び、儀式に臨んだのである。

正月は忙しい

三が日の様子

天養元年（一一四四）の正月を見てみよう。前述のように、貴族の日記史料は、記主の身分・立場によって記される内容にかたよりが見られる。この時期のことを記す記録としては、内大臣であった藤原頼長（図11）が記した日記『台記』が著名であるが、権少外記であった清原重憲が記した日記も残されている。しかも二人は、同一の行事に参加しており、まったく異なる身分・立場から、同一のできごとを記し残していることでも興味深い。

そこで本節では、主にこの二人の目を通して、天養元年正月前半の様子を追いかけることにする。まずは、主な登場人物三名の立場を確認しておく。

藤原頼長　身分は公卿。官職は内大臣。摂政忠通の異母弟で、『台記』の記主。先例の厳守を重視し、年中行事の遂行を重視したことで知られる。邸宅は大炊御門高倉邸（大炊御門北・高倉東）。二五歳。

中原師安　身分は諸大夫。官職は大外記。外記局の実務責任者。重憲ら六位外記をはじめとする外記局職員の管理職。五七歳。

清原重憲　身分は侍。官職は権少外記。『権少外記清原重憲記』の記主。四人いる六位外記の中ではもっとも序列が低い。年齢未詳。

まずは元旦である。正月といっても、ゆっくりすることはできない。『台記』に「鶏鳴四方拝、常のごとし」とあるように、頼長も明るくなる前に起きて、いつも通りのモーニング・ルーティーンをこなしている。そしてこの日には、内裏で節会が催される。頼長もそれに出仕するのだが、その前に、鳥羽院（「本院」）・崇徳院（「新院」）のもとを訪れて、新年のあいさつを済ませている。

続いて頼長は、内裏へ赴き、まず節会の担当者に、内弁（＝上卿）の辞退を申し出ている。というのも、頼長は節会を途中退席するつもりなのである。内弁をつとめるとなれば、節会が終わるまで途中退席はできない。出仕はするものの、早々に帰ることを決めていたからこそ、内弁も辞退したのである。一方の重憲はというと、日記が途中からしか残っていないものの、節会にはきちんと最後まで残っている。この日の重憲の日記には、頼長のことは見えない。恐らく頼長は、節会のかなり早い段階で退席したのだろう。

二日は昼前から雨となった。しかし重憲は、ちょうど雨が降り始めた頃から出かけている。まず向かったのは、大外記中原師安の邸宅である。師安は外記局の実務方の上首であり、本来は元日に来なければいけなかったのだが、重憲は何かの都合で行けなかったのであろう。師安のもとを辞すと、続いて内裏の陣へ向かい、そこで「傍輩（ぼうはい）」の人びとと合流する。この傍輩とは、外記局・弁官局の六位外記・六位史のことである。

図11　藤原頼長（「天子摂関御影」宮内庁三の丸尚蔵館所蔵）

午後四時頃になってメンツが揃うと、「殿原廻（とのばらまわり）」の始まりである。摂政藤原忠通の邸宅から順番に、各邸宅へ年始のあいさつをして廻るのである。中納言（ちゅうなごん）以上の邸宅を廻ったと記されるので、この年は一五人の邸宅を廻ったことになろう。とはいえ、各邸宅で長居をするわけでもなく、多くの場合は訪問したことを証明する「見参(げざん)」を置いていくにすぎない。それでも、一五か所を廻るのであるから、すべて廻り終えたのは真夜中の午前零時ごろであった。その後、傍輩と「数盃」を酌み交わし、さらに二軒を訪ねた後に、帰宅している。恐らくは明け方近くになっていたのではないだろうか。

なお当然のことだが、これらの日付はすべて旧暦（太陰暦(たいいんれき)）である。つまり当時の正月元旦とは、現在の一月末～二月前半に相当している。一年の中で、もっとも寒いこの期間でも、夜中まで外出していることがわかる。そしてそのことは、この後の記述を見ていっても、同じである。

この日は公卿のもとを諸大夫・侍らが訪問し、年始のあいさつをしていく日であった。そのためか、また雨だったせいもあるだろうが、頼長は終日在宅していたらしい。夜になってから『二東記(にとうき)』（藤原教通(のりみち)の日記）を読んで、七日に予定されている白馬節会(あおうまのせちえ)の先例を書き出している。実は白馬節会では、頼長が上卿をつとめることになっていた。そのため、予習しているのである。

三日になると、五日・七日の行事の準備が始まっていく。重憲のもとには早速、頼長からの使者がやってきた。用件は、①明日（四日）、邸宅まで来るように、②五日の行幸(ぎょうこう)で行事（担当）をつとめられるか？　という二点であった。重憲は、①については了承した旨を、②については別人が担当することを返事している。その後、重憲は「姫宮」（叡子内親王）のもとへ向かうが、その途次、七日の白馬節会で行事（担当）をつとめるようにという頼長からの指示を受けとっている。

では頼長はこの日、どうしていたかというと、宇治へ赴いていた。父忠実（ただざね）を訪問していたのであろう。朝方に重憲のもとへやってきた使者は、宇治にいる頼長のもとまで返事を伝えに行き、二回目の使者は恐らく、宇治からやってきたものと思われる。頼長は、この日のうちに、五日の行幸と七日の白馬節会の担当者を決定しておきたかったのである。この日、頼長が帰洛したのは夜になってからであった。

現在では正月三が日といえば、家族でお節料理を食べたり、初詣に行ったりすることが多いのではないだろうか。しかし平安貴族たちの正月に、そのような和やかさは微塵も感じられない。いつも通りか、もしくはそれ以上に忙しい日々を送っていたのである。

連携して準備する

三が日を過ぎた後も、重要な儀式が続いてゆく。

四日、藤原頼長は、日中は大炊御門（おおいのみかど）高倉の自邸にいたようだ。清原重憲は約束通り午前一〇時頃に頼長のもとを訪れ、五日・七日の行事に関する指示を頼長から受けている。重憲は一度退出するが、すぐ頼長に呼び戻され、追加の指示を受けて退出した。重憲は、この後に左大臣有仁邸などを廻って帰途に付いている。一方頼長は、夜になってから高陽院を訪れている。姉の高陽院泰子（鳥羽皇后）を訪問したのである。五日は朝覲行幸である。重憲は午前一〇時頃に内裏の陣へ赴き、行事に備えている。内大臣頼長も同じ頃に内裏へ出仕している。そこでも頼長は、重憲に対し、七日の儀式について、先日命じた通り実行するよう、念を押しており、頼長が、儀式を主導する立場にあることを、強く意識していたことがうかがえる。

儀式が始まったのは正午過ぎである。朝覲行幸では、御輿に乗った近衛天皇が、土御門内裏（土御門烏丸）から白川押小路殿へ行幸する。行幸の列は、内裏西側から出発し、まず室町小路を南下した。すぐに近衛大路があらわれるので、そこで東へ折れ、またすぐに東洞院大路があるので、そこを南下する。次は大炊御門大路を東へ向かうが、そこで頼長邸の南面を通る。そのまま川原近くまで至ると、その後の記載はないが、鴨川を渡るため二条大路へ入り、そのまま東進して白川押小路殿へと至ったのであろう（図12）。

この白川押小路殿は、白川南殿や得長寿院よりも南側に、美福門院得子によって造営された殿舎で、金剛勝院と隣接していた。行幸の列は、院御所の東門から中へ入ると、

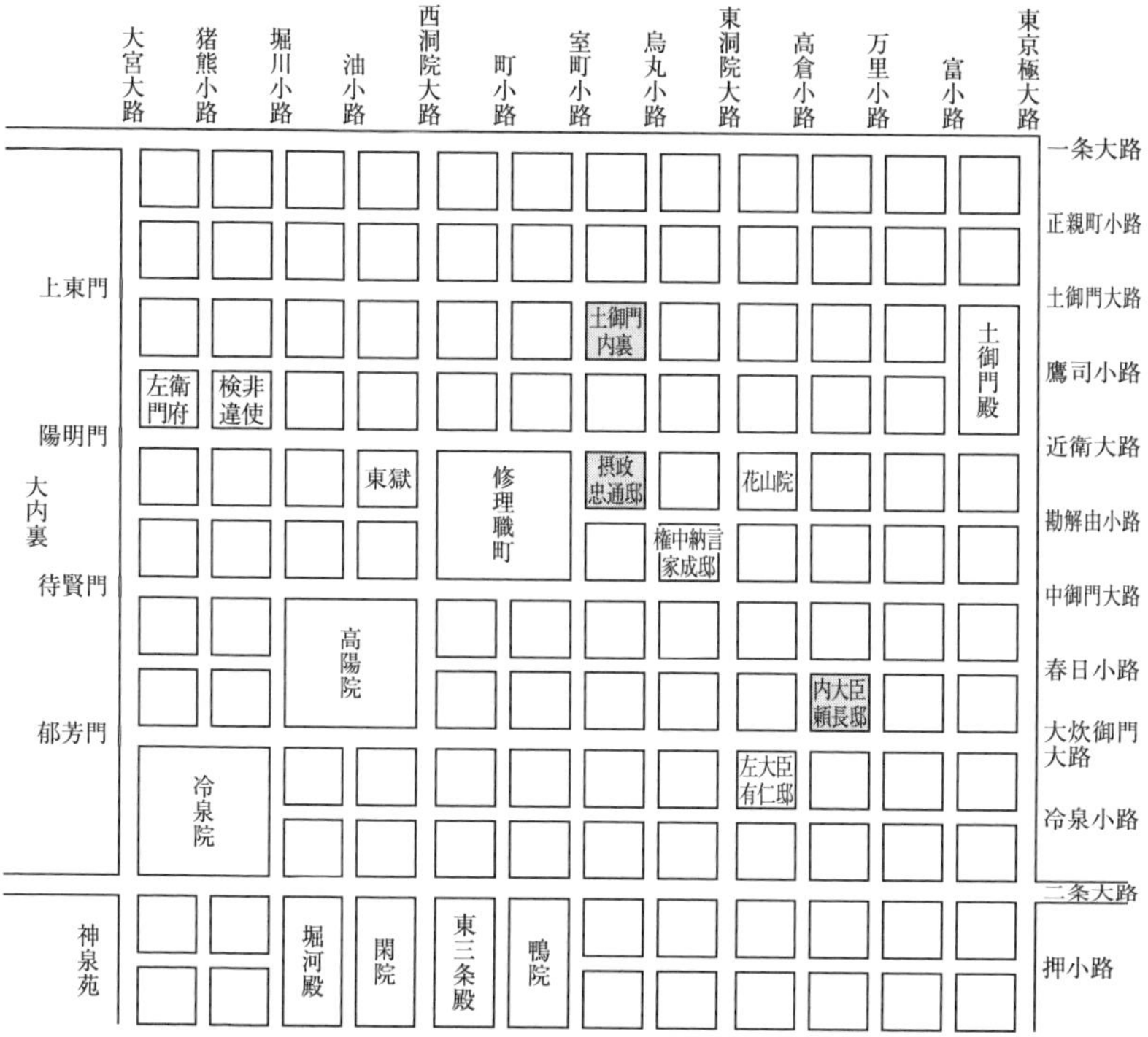

大宮大路
猪熊小路
堀川小路
油小路
西洞院大路
町小路
室町小路
烏丸小路
東洞院大路
高倉小路
万里小路
富小路
東京極大路

一条大路
正親町小路
土御門大路
鷹司小路
近衛大路
勘解由小路
中御門大路
春日小路
大炊御門大路
冷泉小路
二条大路
押小路

上東門
陽明門
大内裏
待賢門
郁芳門
神泉苑

左衛門府
検非違使
土御門内裏
土御門殿
東獄
修理職町
摂政忠通邸
花山院
権中納言家成邸
高陽院
内大臣頼長邸
左大臣有仁邸
冷泉院
堀河殿
閑院
東三条殿
鴨院

図12　平安京（左京北部）の様子

天皇・摂政らが殿内へ昇り、それに公卿らが続く。公卿の座は、御所東面の北廊に設けられ、西から東へ序列にしたがって順番に座っていく。他の人びとにも、それぞれの地位に応じて座が与えられる。つきしたがってきた外記・史たちにも座はあったが、もちろん殿上ではない。彼らの座は、東門の南腋(わき)である。公卿らがいる御殿との間は、中門(ちゅうもん)などでへだてられており、見えもしなかっただろう。それでも等しく三献(さんこん)は供された。御所では、続いて音楽・舞などが催された。そこで頼長は笙(しょう)を奏でている。その後、頼長をはじめとする公卿らへ引出物を賜い、天皇が内裏へ戻ることとなるが、その際、「鈴奏(れいそう)」があった。頼長は、「その理(ことわり)を知らず、摂政の行なわるるところか」と疑問を書き記している。先例と異なるためであろう。こうして深夜一〇時頃、近衛天皇は土御門内裏へ還御(かんぎょ)している。

しかしこれで解散とはならない。内裏へ戻ると、行事外記であった大江知政(おおえのともまさ)が見参を整理するなど、行幸の中でおきたことを確認し、記録している。それらが終わると、ようやく解散であった。恐らくは午前零時頃ではないだろうか。この日は本来、叙位儀(じょいのぎ)が行なわれるのであるが、行幸から戻るのが予定よりも遅くなったのであろう、六日へ延期された。この延期は、重憲にはとても迷惑なこととなる。

図13　朝覲行幸（「年中行事絵巻」谷文晁による写，国立国会図書館所蔵）

というのも本来、重憲は六日が休日のはずであった。しかし叙位儀が延期されたことにより、重憲の休日は取り消されてしまう。それは次のような事情である。本来六日は、法勝寺・尊勝寺阿弥陀堂修正会が行なわれるのであるが、その行事外記（六位外記）が、叙位儀も担当するように分配されていたのである。もちろんこの六位外記は叙位儀に出仕することとなった。すると、両寺阿弥陀堂の修正会を担当する外記がいなくなってしまう。そこで、休日であったはずの重憲が呼び出されたのである。上司である大外記中原師安の指示である。重憲もしたがわざるをえなかった。

重憲は、午後になってから大外記師安の邸宅に行き、叙位儀に関わる文書を持って行くよう命じられた。担当ではないのだが、仕方がない。重憲は内大臣頼長の邸宅へと急ぎ、託された文書を届けたが、その際、叙位儀に不参を申し出てきた官人がいることを聞かされた。そして対応は、大外記の意見に沿って行なうことになった。重憲は、本来担当していることではない叙位儀に関する事務も、併せて行なっているのであるが、そのためには大外記邸に戻らないといけない。

しかし重憲は、すぐに戻らず、自らが担当することとなった法勝寺・尊勝寺阿弥陀堂修正会のことで相談するため、右近大将藤原（徳大寺）実能のもとを訪れた。そしてそこで実能は、重憲にややこしい問題を持ちかける。修正会に出仕する官人たちには、行事を担当している行事弁から出仕が命じられてきた。ところが今年は、行事弁がまだ定まっていないというのである。これでは、出仕を命じる手続きが行なえない。全体の指示を行なう実能は、昨年の例を確かめよと重憲に命じた。そこで重憲は、昨年の行事担当であった「権弁」の邸宅へ向かい、権弁から「御定に随いて左右」したという返答を得た。「御定」とは、鳥羽院の命を指している。こうして昨年の様子を確認した重憲は、再び実能のもとへ戻ったところ、今度は院庁に尋ねるよう実能が命じている。実能も、一人勝手な判断をしないよう、先例を十分に把握したうえで結論を出すつもりなのである。

重憲が実能邸を出たところで、内大臣頼長から参入しろという命が伝えられた。重憲は頼長邸へ戻る。すると今度は、七日の白馬節会に関する問題であった。ここでも不参を申し出た者がいたため、大外記師安の意見を尋ねるようにとのことである。こうして重憲は、大外記邸へ向かい、大外記師安から二つの案件についての先例を確かめ、本日三度目となる頼長邸へ戻った。重憲がそれぞれの先例を伝えると、頼長は具体的な対応を決定し、指示している。重憲は続いて実能邸へ向かった。この間にどこかで院庁官人へ先例を問い合わせていたのであろう。その結果を実能に示して相談した結果、外記方から出仕の命を出すことになった。これまでの先例にはないことであり、重憲はそのようにはしたくなかったようだが、「術方なきなり」（仕方がない）と記している。

このように重憲は、叙位儀については内大臣と大外記の間を、修正会については右近大将・権弁・大外記の間を行ったり来たりと往復し、相互のメッセンジャーとなってものごとを進めていったのである。判断をする公卿（頼長・実能）、実務に携わり、先例を把握している諸大夫（師安・「権弁」）、指示にしたがって動き回る侍（重憲）という三つの身分の役割が、非常によくあらわれているといえよう。このようなメッセンジャーとなる役割は、蔵人弁（職事弁官）がつとめることが多い。ところが今回は、その役割を果たすべき行事弁を欠いていたため、行事史である重憲がすべてを行なっているのである。

暗くなると、重憲は法勝寺阿弥陀堂へ行き、修正会に参加している。もちろん外記として、当日参加者の確認をするのが仕事である。この日は夜中の一〇時頃に法勝寺での儀式が終わった。しかし重憲の仕事はまだ残っている。続いて尊勝寺へ移動し、ここでも修正会に参加している。もちろん法勝寺と同じく、参加者の確認をするのである。これも午前二時近くになって終わり、重憲はようやく帰途についている。この間、内裏では叙位儀が催されていた。

実のところ、この日の夜の諸行事に、頼長や実能は出席していない。叙位儀にも、修正会にも二人は出仕していないのである。頼長は叙位儀に不参を申し出た官人への対応を重憲に指示するが、叙位儀には出仕していない。叙位儀では、権大納言伊通が上卿を、大宮権大夫重通が執筆をつとめている。また実能も、重憲とともに法勝寺・尊勝寺阿弥陀堂修正会について相談をしているものの、実際に法勝寺で上卿をつとめたのは権中納言公能（実能の嫡男）であり、尊勝寺では侍従中納言成通であった。頼長も実能も、指示は出すものの、儀式には出仕していないのである。しかし、もし出仕したならば上卿をつとめることとなり、それには準備が必要であるから、避けたいのだろう。とはいえ、そこでなされることに対しては、細々と指示を出さねばならない、もしくは出したいのである。

そしてそれは、大外記師安も同じである。実は師安は、重服中であったと思われ、出仕ができないのである。しかし大外記という立場上、先例の問い合わせには対応せねばならない。そこで、重憲がメッセンジャー役をつとめることで、問い合わせなどにも円滑に対応できるよう対処していたものと思われる。

このように、儀式の実行は、①儀式の内容を指示する人びと（監督）と、②指示や疑問を互いに伝達する人びと（メッセンジャー）によってシナリオが決定し、それを③実際に儀式を執行する人びと（出演者）が、執り行うという、三者の連携によって実現されていたことも、わかっていただけるのではないだろうか。

深夜まで法会

七日は白馬節会であるが、朝から忙しくなった。実は、六日に行なわれた叙位儀において、最後に行なわれる請印儀（しょういんのぎ）が、少納言（しょうなごん）らの不参によって延期されていたのである。この日は、まず請印儀を行ない、その後に白馬節会を実施するという段取りになっていた。ところが朝八時頃、清原重憲のもとにやって来た史生（ししょう）が、少納言の不参を伝える。少納言不在のままでは、請印儀が行なえない。

驚いた重憲は、急いで内大臣頼長のもとへ向かい、改めて出仕を命じるよう命を受け、史生助正（すけまさ）がそのために出て行く。しばらくして帰ってきた助正は、新少納言は四位に昇叙されたことを理由に、来ようとしない、源少納言は邸宅の門を閉じて「跡を暗ます」（連絡がとれない）と報告する。重憲が、この結果を内大臣頼長に伝えると、頼長は「早く殿下に申すべし」（早く摂政に伝えろ）と命じたので、重憲は摂政藤原忠通のもとへ急ぎ、事情を伝えると、内々に忠通・頼長の御教書を出すので、再び出仕を命じるよう伝えられた。外記からの要請に応じない少納言に、出仕を命じるのは、摂政・内大臣の意向だとわからせるためである。

重憲は、この後もいくつかの問題を処理しながら、正午を迎えた。すでに内大臣頼長をはじめとする多くの公卿が揃っている。請印のためであるが、実はまだ少納言がやってきていなかった。そのことを聞かされた頼長は、激しく怒った。再び、出仕を求める使いが派遣されたのだが、この後、ようやく少納言師教が出仕してきたことで、午後四時すぎになって位記の請印が行なわれた。これでようやく白馬節会を行なうことになるのだが、始まったのは暗くなってからであった。

そして八日からは、白川の法勝寺などで修正会が始まる。白川には院政期に、名前に「勝」字を含む御願寺が次々と建立され、「六勝寺」と呼びならわされるが、天養元年段階ではまだ延勝寺ができておらず、「五勝寺」であった。この日から十四日までの七夜、この五寺において、修正会が催されるのである。その間、重憲は毎夜、法勝寺・成勝寺で法会に出仕しなければならない。見参（出欠）を管理する外記である以上、それは避けられなかった。とはいえ、それぞれへ行かねばならないことは頼長らも同じである。毎日のように、五「勝」寺のいずれかへ出仕していた。

それぞれの様子をまとめてみると、次のようになる。

・藤原頼長（内大臣）

八日　高陽院から姫宮（叡子内親王）をともない、戌刻に法勝寺へ。
　　　姫宮はその後、白川殿に滞留。

九日　外出せず。

十日　新院に供奉して戌刻に法勝寺へ。その後、丑終に成勝寺へ。

十一日　両院に供奉して円勝寺へ。

十二日　尊勝寺へ、その後、戌刻に法勝寺へ（新院供奉）。次いで丑刻に成勝寺へ。

十三日　外出せず。

十四日　両院に供奉して法勝寺へ。次いで最勝寺へ。

十五日　白川殿へ、姫宮を迎えて高陽院まで送る。

・清原重憲（六位外記）

八日　出仕。申～戌刻、法勝寺。両院ら御幸。次、成勝寺。寅に終わる。

九日　早旦、大外記邸へ。申刻、大外記邸へ。次、摂政。次、白川殿（院）。次、法勝寺。次、成勝寺。丑刻に終わる。

十日　申始、摂政。次、新院。次、白川殿（院）。秉燭（へいしょく）、法勝寺。戌～丑終、新院御幸。大雪。丑終に終わる。

十一日　申、摂政。次、院。次、法勝寺。亥終、成勝寺へ。次、円勝寺へ。両院ら御幸。終了刻限不明。

十二日　申、大外記邸へ。次、摂政。次、両院。次、法勝寺。新院御幸。丑、成勝寺へ。寅に終わる。

十三日　申、摂政。次、院。次、法勝寺。戌終、新院御幸。終了刻限不明。

十四日　未、摂政。次、院。次、法勝寺。戌、両院ら御幸。次、成勝寺へ。新院御幸。丑終に終える。

十五日　外出せず。

この間、法会は連日催されている。重憲は、法勝寺・成勝寺の修正で行事をつとめているので、連日、原則として二か寺へ参仕しなければいけない。この期間の生活リズムに注目してもらうと、重憲の仕事ぶりがうかがえよう。重憲が外出するのは、多くは午後になってから、特に申刻（午後四時）頃である。他の用事がなければ、まず摂政亭へ向かう。前日の法会の見参（出勤記録）の内覧（チェック）である。その後、院（鳥羽院）のもとで法勝寺の見参を、新院（崇徳院）のもとで成勝寺の見参を提出している。恐らく、外出する前に、これらを整える作業をしているはずである。

ひと通り巡り終わると、まず法勝寺に行く。おおよそ暗くなりはじめた頃なので、午後五時頃だろう。そしてそこから、深夜まで法会が続く。法勝寺が終わるのが、丑刻前後（午前二時頃）であり、そこからすぐ近くの成勝寺へ移り、そこも終えるのが寅始頃（午前四時頃）のようである。その場所は白川なので、そこから邸宅まで帰って休むことになるが、帰りは牛車であろうか。そうであるなら、揺られながらうとうとしていたのではないだろうか。この間、重憲がどこで休んでいたかはわからないが、白川から京中まで戻ってきていたのなら、帰宅は卯刻（午前六時頃）に近かったかもしれない。恐らく、そこから昼頃まで六時間程睡眠をとり、昼前後から翌日の活動が始まるのではないだろうか。まずは前日の見参を整理して、準備が整うと、再び内覧のために摂政亭へ向かうのである。これが繰り返される。

それでも、途中に休憩がないわけではない。たとえば九日は、御幸もなかったため、法会が始まった後に一息つけるタイミングがあったのだろう、湯漬が供されている。しかもその後は帰ってよいことになったため、早めに成勝寺へ移動でき、すべてを終えたのも丑刻と期間中もっとも早い。反対に十日は大変だったかもしれない。法勝寺の行事が終わったのは丑終（午前四時前）と遅く、そのうえ大雪となっていた。牛車での移動はきわめて困難で、「貴賤道を失う」と表現されている。重憲も困っただろうが、幸いなことに成勝寺へは行かなくてよいことになった。そのためそのまま直帰している。それでも大雪の中であるから、牛車に揺られながら帰り着いたのは、朝方であっただろう。

このような連日の重憲らの働きぶりに対し、公卿のタイムテーブルはそれほど厳しくない。そのうえ内大臣頼長は、いずれの法会においても行事上卿となっていないため、院（鳥羽院）・新院（崇徳院）らの御幸に供奉するのみであり、連日のように五か寺のいずれかを廻ってはいるものの、間には九・十三日のような休息日も挟んでいる。外出する時刻も、恐らくは夕方であろうから、重憲よりもやや遅く、朝方に帰るという点に差はないが、翌日の余裕は十分にあった。しかも毎日ではない。

公卿も毎日のように供奉をし、忙しく出仕していることに違いはない。しかし、行事を担当する六位外記と比較すると、忙しさのレベルが違うことが明確になるだろう。身分の低いこと、さらにその中でも臈次が低い（新参者である）ということは、それだけ多くの仕事を担わなければいけないことになるのである。

六勝寺の位置関係

清原重憲はいつも法勝寺から尊勝寺へ移動していた。藤原頼長も、十二日には尊勝寺から法勝寺へ移り、続いて成勝寺へ赴いているし、十四日には法勝寺の次に最勝寺を訪ねている。このことからわかるように、これらの五寺院は、きわめて近い場所にあった。この後の久安五年（一一四九）に建造される延勝寺を含めて、まとめて「六勝寺」と通称されるのも、そのためである。

これらの寺院が所在したのは、現在の京都市左京区の岡崎公園一帯である。現在も町名として岡崎法勝寺町・岡崎最勝寺町などが存在しており、跡地であることが容易にわかるだろう。では具体的な場所は、それぞれどこだったのだろうか。それが判明しているのは、六か寺の半分、三か寺だけである。

まず法勝寺。法勝寺は、現在の京都市動物園からその北側にかけて広がっていたことが確実である。動物園の敷地内からは、かつて建っていた八角九重塔の基壇（きだん）が発掘されており、位置が特定されている（図14）。また動物園北側の通り沿いには、金堂（こんどう）の基壇跡と考えられている土地の高まりが現存している（図15）。法勝寺は、六勝寺の中でもっとも早く創建され、またもっとも広大であったが、痕跡ももっとも明確である。

図14　法勝寺八角九重塔の基壇跡（京都府『京都府史蹟勝地調査会報告』6，1926年）

明確な遺構が出土しているものとして、尊勝寺もあげられる。法勝寺跡である動物園から西北西へ直線距離で六〇〇メートルほど移動したところの発掘調査で、建物跡が検出されている（図16）。この二か所は、現在でも徒歩一〇分程度しか離れていない。また、法勝寺跡から尊勝寺跡へと移動する際に通るグラウンド付近は、最勝寺跡と推定されている。この三か寺の場所は、間違いないだろう。

そして遺構はまだ確認されていないものの、最勝寺跡からバスの通る道路を挟んだ南側には、「円勝寺跡」の石碑が立てられている（図17）。そしてそこから西へ歩いていけば、

図15　法勝寺金堂跡（京都市左京区）

図16　尊勝寺跡の解説パネル（京都市左京区）

図17　円勝寺跡の石碑（京都市左京区）

残る成勝寺跡・延勝寺跡が徒歩圏内に続いており、いずれにも石碑が建っている。

このように、見渡せる程度の非常に近い範囲に、いくつもの大寺院が営まれ、かつそれぞれにおいて大規模な法会が、同時に営まれていたのである。そして周囲には他にも、白川押小路殿や白川北殿・白川南殿のような院御所となる殿舎や、得長寿院・金剛勝院・善勝寺・福勝院といった多くの寺院もひしめいている。十二世紀半ば、白川のそうした光景の中、重憲たちは寒風の下で働いていたのである。

閑話休題。

色を失い魂を消す

準備に多くの日数を費やし、八日から十四日まで続いた修正会が終わると、正月の忙しさも一段落といったところだろうか。五か寺の法会を、六位外記は四人で、六位史は七人で対応したわけである。主に装束などの準備を担当する六位史に対し、当日の負担は六位外記の方が重いことは明らかだが、六位外記の中で序列がもっとも低い重憲は、二か寺を担当せねばならず、忙しいことこの上なかったのである。もちろん他の傍輩たちも、それぞれどこかで勤めを果たしており、また日中に公事をしないといけない者もいたのだから、大差はない。重憲はその日記に「おおよそ修正の時、下臈の外史（外記）、古今色を失い魂を消すと云々（うんぬん）」と記している。十四日の深夜（十五日未明）三時過ぎ、ようやく修正会が終わった。

修正会が終われば、こうした忙しさが一段落するのである。そのため、六位外記・六位史の傍輩たちは、修正会が終わった十五日の晩に集まり、宴を催している。いわゆる打ち上げである。この部分を初めて読んだ時、職場の仲間内でこのような宴会を催すことが、こんな頃からやっていたのかと驚いたと同時に、重憲たちに対して親近感をもったことが忘れられないが、六位外記・六位史が傍輩として一体感をもって仕事をしていたことをよくあらわしている記述でもあるだろう。重憲は「今日、あるところに於いて、両局、一種の物を提（ささ）げて小会あり」とその存在を注記しているのだが、「故障を構え、行き向かわず」と参加していない。よほど疲れていたのであろう。

そのためだろう、同日の午後に、夕刻から始まる女叙位（おんなじょい）への出仕を打診されていたが、体調不良を申し出て断っている。というのも、正月を迎えてから、重憲は休日をまだ一日もとっていないのである。この十五日はようやく休暇になったようだ。いや、より正しく表現するならば、休暇ではなく療養日といった方がふさわしいだろうか。

それでも翌十六日には、午後から内大臣頼長に呼び出され、「即わち参入」している。体調が回復したという記述はなく、わからないが、その後はずっと帰ることができず、「帰路の間、ほとんど鶏鳴に及ぶ」とあり、翌朝までぶっ通しであった。そしてそのような暮らしが再び続いていく。十五日の次に重憲が休めたのは、十八・十九日であったが、その後、日記の残っている二十六日まで、重憲に休みはない。日記が残っている正月の二六日間のうち、重憲の休日は、この三日しかなかったようである。

公卿には余裕がある

一方の内大臣頼長は、というと、『台記』をひもといて確認すると、こちらは正月前半の忙しさがウソのように、正月後半は比較的余裕がありそうである。

十六日こそ踏歌節会があったため、午後になってからその準備を始め、参内したのは亥の刻であった。真夜中である。そこから節会が始まり、終わったのは「天明に及ぶ」とあるので明け方であったことがわかる。それでも十七日は政始があるため、再び巳の刻に参

図18　賭弓（「年中行事絵巻」谷文晁による写，国立国会図書館所蔵）

内している。帰宅して数時間後であるから、寝てないのではないだろうか。そのためか、外記庁に入る前に入る左衛門陣座での座の位置や通るルートについて、「今日、西より着す、失なり」「またこれを案ず」と間違いだったかもしれないと反省しつつ、今後の検討課題として書き残している。十分な予習ができなかったのかもしれない。この日は、政始と陣中文を済ませると、高陽院へ移動し、そこを退出したのは夜であった。

十八・十九日は、重憲と同じように休日であったようだ。特に十八日は、「音楽」とだけ書かれている。終日、自邸で音曲に親しんだのだろう。そして頼長は、二十日も休みであった。重憲よりも一日長いのは、やはり身分が高いからであろう。

二十一日は賭弓（のりゆみ）があるので、午前中から参内している（図18）。休み明けで体調も予習もばっちりだろう。上卿として儀式を進行している。そして二十二〜二十四日は除目である。しかしそこに頼長の姿はなく、頼長は二十二〜二十七日までの六日間、一度も参内することなく、二十四日には六角堂へ参詣し、二十六日には参院した後、仁和寺へ参籠し、翌日に帰宅したようだ。

二十八日には頼長邸で藤原公能（権中納言）の嫡男が元服している。頼長は加冠役をつとめた。二十九日も鳥羽院・崇徳院のもとへ参っている。

内大臣頼長の正月後半は、このようであるが、六位外記重憲に比べると、明らかに余裕がある。また同じ儀式に出仕していたとしても、たとえば二十一日の賭弓の場合、頼長は未始（午後二時過ぎ）になって参内している。しかし重憲は、巳刻（午前十時頃）には大外記邸で別の行事の相談をした後に参陣し、正午には関白忠通から指示を受け、未刻からは賭弓に出仕しているように、他の行事の準備も行なっておく必要があるため、どうしても出仕が早かったり、または帰るのが遅くなったりしている。

激務の褒美は叙爵

本章では、公卿身分の内大臣藤原頼長と侍身分の六位外記清原重憲を取りあげ、それぞれの勤務実態を比較してきた。正月前半という忙しい時期ではあるが、六位外記はほぼ毎日出仕し、遅くまで働いていることがわかっていただけただろう。そして、そういった日々の中では、連続一〇日以上の勤務も珍しいことではなく、不定期な休みが時々ある程度であり、それすら急用でなくなってしまったりする。体調を壊すと休みになるというのが事実に近いかもしれない。

　こうした勤務実態は、侍身分（六位以下の有位者）の全員に当てはまるわけではない。もちろん六位官人の中には、出仕の機会が少ない者もいたし、そもそも史生らのような番上官（ばんじょうかん）では、交替勤務であるから毎日出仕することはない。六位外記の勤務日数が多いのは、侍だからというわけではなく、六位官人のなかでも叙爵（じょしゃく）されることが間違いない、優遇された官職であるからこそなのである。太政官における六位外記・六位史は、こうした激しい勤務を数年続ければ、叙爵というご褒美が待っていたのである。

　あまり触れてはいないが、同じことは諸大夫身分（四位・五位）についても当てはまる。勤務が激しいのは、公卿への主要な昇進ルートとなっている蔵人・弁官である。特に蔵人頭が、きわめて多忙な日々を過ごしていたことは、かつて蔵人頭の活動を紹介した別稿でも述べた通りである（井上幸二〇二二）。侍身分の場合と同じく、そのような激務の官職に就いた者は、すぐに昇進させてもらえた。反対にいえば、いくら官職に就いたといっても、あまり仕事のない閑職であれば、いくら長期にわたって在任していても、さしたるご褒美にはありつけないということになろう。

同じ諸大夫でも、大夫外記・大夫史からは公卿へ昇進しない。しかし公事への出仕は多く、時には六位外記・六位史と同じように遅くまで政務にしたがっている。そのため、大夫外記・大夫史は諸国権守・権介・諸司長官などを兼任することがよく見られ、時には受領を兼ねている。出仕によって与えられる「労」などにより、自らの位階を進めるのではなく兼官するのである。時には、子弟へ譲ることも少なくない。特に、十一世紀の七〇年代以降になると、大夫外記は中原朝臣姓と清原真人姓のいずれも明経博士（みょうぎょうはかせ）の家系が、大夫史は小槻宿禰姓で算博士（さんのはかせ）の家系が、それぞれを占めていくので、博士を兼ねていることが多くなる（永井一九九八・井上幸二〇〇四）。その結果、博士を長くつとめたことに対する「労」を得る。こうして兼官・昇進ももう十分となってくると、子弟へ譲ることしかなくなってくるのだ。

最後に公卿（三位以上）であるが、公卿のつとめもその肩書きにより多様であった。まず大臣・大納言・中納言などの議政官に就いているか否かで異なるだろう。議政官の中納言以上であれば、上卿となる機会があるため、判断を求められることも多くなるので、先例の予習など、準備をしっかりとしなければいけない。しかし同じ議政官でも参議であったり、従三位（じゅさんみ）以上の位階をもちながら議政官に就いていない非参議、または前官の人びとは、政務で上卿となる機会はほぼないだろう。もちろん検非違使別当（けびいしべっとう）など、他の官職をつとめている場合もあるため、一概には言えないが。

なおもちろんのことだが、ここで触れているのはいずれも、朝廷の官人としてのつとめである。実は多くの公卿・官人が、朝廷のつとめを果たすと同時に、院・摂関家などの有力者のもとへも出仕している。たとえ朝廷で公事を担当していなくとも、私的に摂関家に仕え、家人（けにん）として忙しく働いていることもあった。平安時代後期にもなると、朝廷に働く官人の中には、官人であると同時に、有力貴族の私的な家人でもあった者が少なくなかったが、そうした側面について本書ではほとんど触れられなかった。本書で触れる平安貴族たちの姿というものも、実態のごく一部に過ぎないことを、お断りしておきたい。

平安貴族たちの昇進

除目に向けて

平安貴族たちは、どのようにして補任(ぶにん)・昇進されたのだろうか。平安貴族たちの人事異動を行なう儀式が、除目(じもく)である。正月と秋に行なわれるが、他にも賀茂祭(かものまつり)に向けて行なわれるものや、年末など、臨時に催されることがよくあった。

清原頼業の除目申文

除目では、「申文(もうしぶみ)」という書類が重要である。先に同名の儀式を紹介しているが、それとは異なる。これは、申請者が、この人がこの官職にはふさわしいとか、私がこの官職に就くのにはこれだけの正当性があるというようなことを書き連ねた申請書である。本人が出すのであれば自己推薦文のようなものであるが、組織から出されるものや、父兄が私の代わりにこの子をというように申し出るものなど多様であった。一回の除目で、大量の申文が出されたが、その整理にあたっていたのが、蔵人であった。

その実情をうかがわせるのが「『兵範記』紙背文書」である（吉田一九八九など）。『兵範記』の記主である平信範は、仁安二〜四年（一一六七〜六九）に蔵人頭をつとめていたが、その間は職務として、除目の申文を多く扱っていた。それらの申文は、除目を終えると不要になる。そこで信範は、それらの申文を持ち帰り、裏面を自らの日記の料紙として再利用したのである。そのため『兵範記』には、多くの任官申文が紙背文書として含まれ残存しているのである。

その中に、大外記清原頼業の申文が三通含まれている。いずれも仁安二年のものであり、備後権介を辞す代わりに、子どもの清原康家が任官できるよう願いでるものである。自らが帯している官職を自発的に辞す代わりに、任意の人物（多くは子弟）の任官を願いでることは、「辞官申任」と呼ばれており、平安貴族たちの間では、広く行なわれていた（酒井一九九七）。当時の清原頼業は、大外記・大舎人頭・備後権介という三つの官職を兼帯していたので、その一つを任期前に自発的に辞すことで、子どもの康家の任官を有利に進めようとしたのである。以下には、その三通を順番に掲げるが、実は本文はほぼ同文である。そこで一通目だけ全文を掲げ、二・三通目は本文を省略した。なお三通はいずれも最下部を損失しているが、三通を併せ見ることによって全文を復元できる。以下の読み下しは、その復元に拠っている。

①　清原頼業申文

正五位下行大舎人頭兼大外記備後権介清原真人頼業、誠惶誠恐謹みて言す

殊に天恩を蒙むり、先例に因准し、所帯の備後権介を罷り、男正六位上康家をもって、図書・玄蕃・主殿允等の闕を拝任せられんことを請うの状

右、頼業謹んで案内を検ずるに、大外記たるの者、所帯遙授を罷りて、息子をもって諸司の三分に申し任ずるは、古今の芳規なり、近くは則わち中原師業・同師元朝臣・同師尚ら是なり、師元に於いては、両度この恩あり、師尚に於いては、位次の下臈たりといえども、去年師倫をもって内蔵少允に申し任じ畢んぬ、彼らの例に准じ、優恤せらるれば、誰ぞ非拠と謂わん、望み請ふらくは天恩、備後権介を罷められ、件の康家をもって彼らの闕を拝任せらるれば、将に奉公の節を竭くせんとす、頼業誠惶誠恐謹みて言す

仁安二年十月十九日　　正五位下行大舎人頭兼大外記備後権介清原真人頼業

②　清原頼業申文

正五位下行大舎人頭兼大外記備後権介清原真人頼業、誠惶誠恐謹みて言す

殊に天恩を蒙むり、先例に因准し、所帯の備後権介を罷り、男正六位上康家をもって、図書・玄蕃・主殿・掃部允（かもんのじょう）等の闕を拝任せられんことを請うの状

（中略）

仁安二年十二月十日　　正五位下行大舎人頭兼大外記備後権介清原真人頼業

③　清原頼業申文

正五位下行大舎人頭兼大外記備後権介清原真人頼業、誠惶誠恐謹みて言す

殊に天恩を蒙むり、先例に因准し、所帯の備後権介を罷り、男正六位上康家をもって、主殿・掃部允等の闕を拝任せられんことを請うの状

（中略）

仁安二年十二月十三日　正五位下行大舎人頭兼大外記備後権介清原真人頼業

この三通は、長く大外記をつとめた清原頼業が、備後権介を自発的に辞める（辞退する）代わりに、息子「康家」の任官を願うものである。いずれも仁安二年のもので、①は十月十九日付、②は十二月十日付、③は十二月十三日付となっている。異なるのは、息子康家に任官させたい官職だけであり、それは、冒頭から二行目の「殊に〜請うの状」のところに書かれているが、三通を比較すると、次のように少しずつ変わっていく。

① 図書・玄蕃・主殿允
② 図書・玄蕃・主殿・掃部允
③ 主殿・掃部允

これにはどのような意味があったのだろうか。実際の除目の様子と比べながら、検討してみよう。参考となるのはもちろん、『兵範記』である。

　最初の申文が出された十月十九日であるが、除目があるような日程ではない。『兵範記』によると、十九日条には「明日、僧事あるべし」と記されており、後白河院が熊野詣から帰京したことにより、その先達をつとめた僧侶たちへの勧賞（褒美）が宣下されることになっていた。恐らくはそれに伴って（ついでに）、小規模な除目を行なおうとしていたのだろう。実際、蔵人・外記・兵衛尉がそれぞれ一人ずつ補されている。清原康家はもちろんのこと、望んでいた図書・玄蕃・主殿允のいずれにも補された人はいない。

二・三通目の中文が書かれた十二月には、秋除目が行なわれる。十三日条に平信範は、「秋除目なり、中文を取り調べ、早旦、殿下へ参る、百余通に及ぶ」と書き始め、以下にはほぼ一日をかけて、摂政藤原基房とともに、中文を検討して、任人を決定していく様が記されている。作業を終えたのは「晩頭」であった。頼業の中文も、この中に含まれていたはずである。ここで頼業は、任官を願う官職に掃部允も加えている。何でもよいとまでは言わないが、少しでも実現の可能性を高めようとしたのであろう。ところが、その後に伝えられた大間書の中に、清原康家の名はなかった。頼業の辞官申任は認められなかったのである。大間書に記された任人を見ると、頼業が希望した四ポストのうち、玄蕃允に平知頼が任じられている。八条院の御給によるものであった。玄蕃允には欠員があったようだが、八条院御給が優先されたのである。

しかし頼業は、すぐに中文を出し直している。十三日付であるから、秋除目が終わったその日のうちに、再提出しているのである。これは、除目の直後に行なわれる下名に対応するためであった。そしてそこでは、主殿允・掃部允という二つに絞っている。すると十六日に行なわれた除目下名において、清原康家が主殿允に補された。頼業の申請は、三度目にしてようやく叶ったのである。

清原頼業は現職の大外記（大夫外記）である。これらの除目に頼業本人が関わっていたことは明記されておらずわからないが、少なくとも外記は除目に関わっているため、外記の管理職である頼業も、無関係ではない。どのような官職に欠員があり、申文でどの官職を希望すれば可能性が高いかは、比較的判断しやすいはずである。十二月十三日付の三通目の申文などは、まさにそうした立場が有利に働いた結果ではないだろうか。頼業が的を絞った通り、下名では主殿允の清原康家だけでなく、掃部允も補されている。下名ではこの二官を補すという情報が、あらかじめ入っていたのかもしれない。

ところが、この清原康家という人物だが、実はよくわからない、謎の人物である。清原頼業には、長男佐光（すけみつ）・次男近業（ちかなり）・三男良業（よしなり）をはじめ、多くの子どもがいたことが、系図類からも確認できる。何人かは改名もしているが、しかしそれらの中に「康家」という名は見えない。系図類は何種類もあるが、いずれにも該当者はいないのである。改名前の古い名前が記録に漏れている可能性もあるが、長男佐光は、仁安三年十二月に主水権佑（もんどのごんのすけ）から権少外記へ進んでいる。次男近業も、同じく仁安三年八月に大舎人允（おおとねりのじょう）から権少外記に任じられ、すぐに少外記へ昇ると、十一月には叙爵している。年齢の近いところでは、清原祐隆（すけたか）（頼業の父）の猶子とされる清原祐職（すけもと）もいるが、嘉応（かおう）元年（一一六九）八月に前掃部允（さきのかもんのじょう）から権少外記へ進んでいることが確認できる。いずれも康家とは別人と考えるべきだろう。康家は、「清原」姓を得るために頼業の養子となった地方出身者かもしれない。

女性の見る官人

除目の前には、中文を提出するだけでなく、直接に自らを売り込む者もいたようである。清少納言（せいしょうなごん）の『枕草子（まくらのそうし）』第三段に、次のような記述がある。

> 除目の頃など、内裏（だいり）わたりいとをかし、雪降り、いみじうこほり（凍）たるに、中文もてありく四位（しい）・五位、わかやか（若）に心地よげなるはいとたのもしげなり、老いてかしら（頭）しろ（白）きなどが人に案内（あない）いひ、女房の局（つぼね）などによりて、おのが身のかしこきよしなど、心ひとつをやりて説きき（聞）かするぞ、わか（若）き人々はまね（真似）をしわら（笑）へど、いかでか知らん、よきに奏（そう）し給（たま）へ、啓（けい）し給へ、などいひても、得たるはいとよし、得ずなりぬるこそいとあはれなれ、

「雪降り、いみじうこほりたる」とあるので、正月の除目の直前であろう。年始も早々に、四位・五位の者たちが、内裏の近くまで、中文持参でやって来ている。もちろん、除目で

任官するためだが、その際、口添えをしてもらうためか、旧知の女房に取り次いでもらって、任官できるよう頼み込んでいる様子が記されている。

とはいえ女官らにとっては、この光景は「いとをかし」なのである。今年もこの季節が来たなと思えるような、一種の風物詩としてしか受け取られていない。頼み込む方は、「よきに奏し給へ」などと、必死になって頭を下げているのであろうが、その様子を見ている若い女官が、モノマネをして遊んでいることからもわかるように、除目に対する意識の違いがよくあらわれている。特に、年齢を重ねて白髪となった者のそういった行動は、一種の笑いぐさでしかなかったことが、この記述からうかがえよう。

男性官人にとっては、正月の除目は非常に重要なものであった。日記史料などでは、除目については詳しく記述されることが多く、故実書・部類記なども多い。しかし女房らにとっては、自らの親族は他として、さして関係のないことだったのだ。

それゆえ、女房が著した文学作品の中で、除目のような政務についてほとんど描かれないのは、当然のことなのである。そしてもちろん、女房らが政務の場に居合わせることもないし、恐らくはそれに関する知識も持ち合わせていないのではなかろうか。そのため、作中で書こうとしても、その詳細を知らなかったという方がよいかもしれない。『源氏物語』などの中で、政務が描かれない一因には、このような情報の偏在があげられよう。

再び『枕草子』から引用する。少し長くなってしまうが、今度は第二五段である。

除目への期待

除目（じもく）につかさ（官）得ぬ人の家、今年はかならず（必）と聞きて、はやうありし者どものほか、ほかなりつる、田舎だちたる所に住むものどもなど、みなあつまり（集）きて、出（い）で入る車の轅（ながえ）もひまなく見え、物まうで（詣）する供に、我も我もとまゐり（参）つかうまつり、ものくひ（食）、酒のみ、ののしりあへるに、はつる暁まで門たたく音もせず、あやしうなど耳立てきけば、前駆おふ（追）こゑごゑ（声々）などして、上達部（かんだちめ）などみな出で給ひぬ、ものききに、宵よりさむがりわななきをりける下衆男、いと物うげにあゆみくるを、見る者どもはえ問ひにだにも問はず、外よりきたる者などぞ、殿はなににかならせ（成）給ひたるなどとふ（問）に、いらへには、なにお前司にこそはなどぞかならずいらふる、まことにたのみけるものは、いとなげかしとおもへり、つとめてになりて、ひまなくをりつる者ども、ひとりふたりすべりいでて往（ゆき）ぬ、ふるき者どもの、さもえいきはなるまじきは、来年の国々、手を折りてうちかぞへなどして、ゆるぎありきたるも、いとほしうすさまじげなり、

恐らくは、受領（ずりょう）への任官を待ち望んでいるのであろう。任官できれば、ゆかりの者たち

を家人などとして随伴できるため、「今年はかならず」（今年の除目では間違いなく任官できる）と聞いて、多くの者たちが集まってきて、宴会のような大騒ぎをしているが、除目の結果、任官されなかったことがわかると、「ひまなくをりつる者ども、ひとりふたりすべりいでて往ぬ」（たくさんいた人びとが、ひとり、ふたりといなくなり、遂には誰もいなくなった）。そして、古参の家人だけが残り、「来年の国々、手を折りてうちかぞへなどして」（来年は、あの国とこの国が交替するはずだなどと指を折って数えて）いる様子が「すさまじげなり」（物寂しい、殺風景）として描かれる。

「来年の国々」とあるので、この人物が願うのは受領なのであろう。とすれば、身分は諸大夫ということになろうか。除目の度に、このような光景が、何人かの所で繰り返されたに違いない。既述したように、外記大夫・史大夫の中には、受領の家人となって地方へ赴いている者も多く、そうした人びとはもちろん、こうした「すさまじげ」なことにはならないだろう。こうした経験をするのは、地方で雇ってもらえることもなく、かといって平安京で助けてくれそうな有力者とも関係がないような場合であろう。ゆかりの者の中には、「田舎だちたる所に住むものども」も含まれているので、もしかすると、本人も地方出身なのかもしれない。そうした地方出身者も、平安京には多数暮らしていたはずである。

図19　喜びに満ちる絵師邸（「絵師草紙」宮内庁三の丸尚蔵館所蔵）

絵師の悲哀

『枕草子』のこうした記述と、かなり近い様子を描いた物語が、「絵師草紙」という絵巻物である。そのストーリーは次のようになっている。

恐らくは貧しい暮らしを余儀なくしていた絵師がいた。貧しいといえど、絵師はすでに三河権守を経験していたので、位階は従五位下、身分は諸大夫の末端といったところだろう。絵師としては十分な身分といえよう。そんなところに、思いもかけない知らせが舞い込んでくる。絵師が広げている綸旨らしき文書には、「伊予国」「令知行」という文字が見える。どうやら絵師は、伊予に所領を与えられたようなのである。「天気」ともあるから、綸旨が下されたという設定のようだが、綸旨で与えられる荘園諸職は何だろうか？

それはともかく、喜んだのは絵師一家である。飲めや歌えやの大宴会となった（図19）。恐らくは、あっという間に、たくさんの男女が絵師のもとへ集ってきたはずである。当然、やれ酒だ肴だと騒がしくなるだろう。所領経営となれば、家人を召し抱える必要もあるだろう。そういった需要を見込んでやってくる者もいたに違いない。さっそく絵師は翌日、伊予へ使者を派遣して、現地の様子や貢物の状況を把握しようとしている。

ところが、しばらくして戻ってきた使いの者は、残念な結果を知らせることとなった。今年の官物はすでに前任者が持ち去っており、今年の収入はないというのである。そんな殺生な……と嘆く声が聞こえてきそうだが、絵師の屋敷が富にあふれることはなく、人の騒ぎもすっかり収まり、かまどからは煙も消えていった。

だが絵師は、まだあきらめない。法勝寺(ほっしょうじ)において、絵師として活動する機会を与えられたことをきっかけに、まずは行事弁(ぎょうじのべん)のもとへ訴え、それでは駄目だとわかると、今度は行事上卿(ぎょうじしょうけい)のもとへ押しかけ、願い出ている。先にも触れたように、行事所には大きな自由裁量権があったから、荘園の一つぐらいなんとか交換してもらえるとでも思ったのだろう。伊予は遠くて不便だからいらない、近いところで狭くてもよいから、と申し出た。常識的に考えれば、辞退するなど考えられないが、絵師にとっては一家が生活できるだけの収入がほしかったのだろう。しかしそこでも、願いは届かなかった。絵巻の描写は、上卿の邸宅から引き上げていく絵師を描き、終わっている。詞書きには、絵師がその後も策を練ってがんばったことが記されるが、最終的にどのようになったのかはわからない。「絵師草紙」は、冒頭部も末尾も欠く物語なのである。

絵師は伊予に所領を得たものの、当面の収入がないことで、人びとは離れていった。『枕草子』第二五段の話では、任官できると見込んでいたものの、実際には任官できず、それに気づいた人びとは、これもまた離れていく。いずれも大きな収入があると見込めれば、多くの人びとが養ってもらおうと集まってくること、そこに至る直前までは、質素に慎ましく暮らさざるを得なかったことを描いていよう。外記大夫・史大夫のような、エリート諸大夫ではない、長年の六位官勤務によって叙爵したような人びとの中には、こうした諸大夫生活を送っていた者も少なくないのではないだろうか。

地方出身者もいました

平安貴族たちは、必ずしも都で生まれ、育ったとは限らない。中には、地方出身者も含まれている。そのような例を見てみよう。

十一世紀末から十二世紀半ばにかけて、平安京で活動していた官人に、三善為康という人物がいる。出身は越中国射水郡（富山県西部）で、当初は「射水」姓を称していた。恐らくは、射水郡の郡司一族と思われる。永承四年（一〇四九）の生まれとされており、治暦三年（一〇六七）に平安京へやってきて、算博士三善為長のもとで算道を学び、文章道も兼ね学んだ。しかしなかなか芽は出ず、五二歳となった康和二年（一一〇〇）に、ようやく少内記となる。少内記は六位官である。

普通であれば、そこからなんとか叙爵するまでがんばれば御の字というところだが、為康の活躍はそこからであった。内記勤務の年労により叙爵され、永久元年（一一一三）からは算博士をつとめ、天治二年（一一二五）頃には諸陵頭を兼ねつとめている上、この間、尾張介・越後介・越前権守も兼ねた。そして保延五年（一一三九）八月に亡くなった。九一歳であった。長生きしたことも影響していようが、恐らく、この時代の越中国で生まれた人びとの中では、飛び抜けて高い地位に到達できた、きわめて幸運な人物であったといえよう。

三善為康は、正五位下まで昇叙され、算博士・諸陵頭をつとめた、諸大夫クラスの官人であるが、出身は越中国射水郡であり、都で官人となる際に「三善」姓を与えられたものと考えられる。為康の場合、「射水」という地方性が明らかな姓であったがゆえに、「三善」へと改めたのであるが、同様の事例は、数多くあげることができる。多くの場合、為康のように、博士の門弟となるなどして、「中原」「清原」「大江」といった、いかにも中央官僚らしい姓へと改めたようである（曽我一九八五）。

それでも、旧来の姓も併せ用いている例もある。三善為康とほぼ同時代を生きていた人物に、紀宗賢がいる（『尊卑分脈』）。この人物は、周防国の一宮であった玉祖宮（山口県防府市）の祀官一族で、「玉祖」姓を用いていた。平安京へやってきて、紀宗政の養子とされて紀姓へ改め、摂関家で藤原師実・忠実の家人となると、その勤めぶりが評価され、康和四年（一一〇二）正月に六位外記とされ、すぐに山城介へ転じた。叙爵された後は、長承三年（一一三四）に大和守となっているが、その後は本姓へ戻したという。その後、子どもの宗長は「紀」を称し、孫の成長は「玉祖」を称すなどややこしいが、三代続けて六位外記から叙爵していた。

ここで見ておきたいのは、二人が官職を得るまでに要した年数である。三善為康は、平安京へやってきてから、少内記となるまで、三三年かかっている。また玉祖宗賢は、平安京にやってきたのがいつかはわからないが、叙爵から史巡によって大和守となるまで、三二年を要している。三善為康は、算博士三善為長のもとで勉学に励んだであろうから、いわば為長の家人であり、たとえ三三年かかっていても、生活はできたであろう。家人を養うのは、主人の勤めである。そして同様に紀宗賢も、摂関家に仕えた家人である。六位外記とされたのも、そこでの「恪勤」を褒められてのことであるから、叙爵から受領となるまでの三二年間も苦しいものではなかっただろう。

しかし前に見たような、『枕草子』や「絵師草紙」のような場合、この三〇数年間という期間は、とても辛く苦しいものだったのではないだろうか。中には、平安京での暮らしをあきらめて出身地へ戻ったり、少しでも暮らしが成り立つよう、さまざまな手を模索したりした者もいたに違いない。有力者の家人となったり、受領とともに地方へ下るというのは、まだ恵まれた方だったといえよう。

この二人についても、次に見ておきたいのは、その姓である。為康は射水から三善へ、宗賢は一時的にではあるが、玉祖から紀へ姓を変えている。こうしたことはまま見られることであり、地方出身者らが平安京で官人、なかでも叙爵するような官職に就く際には、前掲したような中原・清原・大江・紀・三善といった姓へ改めたようだが、中には叙爵されてしまえば、本姓へ戻した者もいたようである。

特に本姓が「臣」「連」のような格の低い姓であったり、「〜部」という姓の場合は、ほぼ新姓へ変えている。本書で頻出している大外記中原朝臣の一族も、その祖は「十市部」を称していたが、まず「十市」へ改め、次いで「中原」へ変えている。諸大夫身分を得るためには、地方出身者に多い格の低い姓ではふさわしくないと見なされ、一時的にでも、前掲したような姓へ改めたのであろう。

新姓はいずれも、真人（まひと）・朝臣（あそん）の姓である。このような作為が行なわれる背景として、諸大夫身分となれば、小国・狭国であるかもしれないが受領となったり、六位官人を率いる長官級のポストに据えられたりすることもあることが影響しているかもしれない。そのような人物が、格の低い姓であってはいけないという認識が、あったのではないだろうか。

平安貴族たちが、ふさわしくない事実に対しては、歪曲も厭わないことは他でも紹介した通りである。叙爵する地方出身者が改姓していることが多いのも、そのような事例の一環として見なせるのではないだろうか。

本音と建て前

清原頼隆の触穢

除目(じもく)で念願のポストに就けたからといって、安心できるわけではない。むしろ重要なのはそこからであった。重要な地位であればあるほど、やるべきことは多いのである。まず第一に、先例を学ばねばならない。たとえば、屋外の行事であれば、雨天の時にはどうするのか。中止にするのか、それとも軒先に移動するのか、はたまた室内へ変更するのか、といったように、さまざまな先例を学び、どういった事態には、先輩がどのように振る舞ったのかをあらかじめ確認しておくのである。

当時はもちろん天気予報などない。儀式の途中で雨が降り出したり、前日まで快晴だったのが、一転して荒天となったりすれば、急いで対応しなければいけなかった。そうなってから準備をしていたのでは遅いのである。しかも当時の官人たちは、自らの考えでオリジナリティーのある対策をすることよりも、過去の先例にしたがっておく方が好ましいと考えており、理解を得やすかった。そのため、各自が、それぞれの地位に応じた先例を、あらかじめ学んでおくことが、ジョーシキだったのである。こうして、多くの史料・典籍を自前で揃えようと、平安貴族たちは努力していたのであるが、その点については別のところで、すでに触れた通りである。

さて、十一世紀の前半に、長く大外記（大夫外記）をつとめた官人に、清原頼隆という人物がいる。世代としては、藤原道長らと同世代であり、大夫外記に三度も就任していることからもうかがえるように、評判のとてもよかった諸大夫であった。しかしその頼隆も、初めから優秀であったわけではない。大夫外記として名声を博せたのは、必死に先例を学んだ努力のたまものであったのだ。

その努力の様を伝える記述が、『貫首秘抄』という史料にある。それによると頼隆は、初めて大夫外記となった際に、しばしば「触穢」を届け出たという。触穢とは、邸宅内で親族・家人らに不幸があったとか、犬の死骸が見つかったといった不浄なできごとがおこった際に届け出るもので、所定の日数だけ、出仕を自粛するものである。頼隆はこれを、実際には何もおこっていないにもかかわらず届け出て、邸宅内に籠っていたという。つまり、ウソの届け出を出して、わざと出勤しないことがしばしばあったという。では、なぜそのようなことをしたのかというと、先例の調査・予習のためであった。

いまこんなことをして、発覚すると大問題であろう。だが平安貴族たちの間では、評価はまったく逆であった。つまり、たとえウソをついてでも、先例をしっかりとわきまえていることの方が、望まれたのである。たとえウソだとわかっていても、納得されやすい理由があれば、それを非難するようなことはあまりない。『貫首秘抄』の記述も、非難する文脈では記されておらず、むしろ反対に、上手なウソをついた、と高評価につなげるような記述なのである。

こうしたことを目にしていくにしたがい、次のような考えが湧きおこる。つまり、平安貴族たちは、事実を微に入り細をうがち間違いなく記録することに、さしたる価値を置いていないのではないだろうか。むしろそれよりも、間違いでない程度にものごとをごまかし、都合の悪いことには言及せず、美しく立派なものであったと記録することが、望まれていたように思われる。

ウソも方便

事実に重きを置かない事例をもう一つあげておこう。清原頼隆の子ども世代の話であるが、藤原保昌という人物がいる。藤原道長に仕え、武芸と和歌をもって知られ、左馬権頭をつとめ、丹後守も兼ねていた。典型的な諸大夫身分である。妻も和泉式部という歌人であった。京都の祇園祭では、保昌山のご神体（平井保昌）としても知られていて、縁結びのご利益も有名であるから、そちらで耳にされたことがあるかもしれない。ところがこの保昌は、ある時の松尾行幸で、左馬寮の荒れた様子が天皇の目に触れてしまい、整備の行き届いていないことが露見してしまった。保昌はその責を問われ、万寿二年（一〇二五）二月一日、丹後守を取りあげられてしまう。罰である。

その後、保昌は左馬寮を整備したのであろう。秋の除目で大和守に任じられた。一転してご褒美を与えられた保昌は、十月十六日に任国へ向けて出発している。赴任するのである。そして問題は、その道中でおこった。大和へ向かう途次、保昌は携えていた任符を紛失してしまったのである。任符とは、国司に任命されたことを証明する太政官符である（渡辺二〇一四）。新任国司は、通行手形のように任符を用い、また任国の国衙に着くと任符を見せ、新任国司であることを証明した。つまり任符は、身分証明書のようなものであり、なくしてしまっては大変に困ることになる文書なのである。任符を携えずに大和国衙へ赴いても、保昌は在庁官人らへ新任国守であることを証明できない。そこで保昌は平安京へ戻り、任符の再発行を願い出たのである。二十二日のことであった（『小右記』）。

ところが任符は太政官符である。正式な手続きを踏むならば、多くの官人が関わることとなり、手間もかかる。証明書の再発行というのも、そう簡単にはいかないのである。しかも、紛失したようではあるが、それが事実だとすると、保昌の責任も問うのが筋である。そしてそもそも保昌は罰を受け、そこから回復して大和守に補されている。文書の紛失だけで罷免にまで及ぶことはないだろうが、再三のミスは以後の保昌の扱いにも影響するだろう。ではどうするのか？

　こうして、次のような一計が案じられた。つまり、先に発行したものは、捺印されていなかったことにしたのである。発行手続きの不手際をでっちあげたのだ。こうして、先に発行したものには不手際があるので、正式なものを改めて発行するという体裁を整え、再発行が実現するのである。

　間違えないように念のため確認しておくが、捺印していなかったなどということは、一〇〇パーセントありえない。ウソに違いないのである。しかし、事実と異なることは、ここではまったく問題にならない。むしろ、事実をありのままに記録すると、任符を紛失した保昌が悪いということになり、再発行もできず、保昌を処分することになってしまう。それではいけないのだ。保昌が任符（もちろん捺印済み）をなくしたという過去を消し去り、捺印されていない文書を渡したので、改めて正式な文書を渡しますというストーリーにすり替えてしまうのである。再発行することへの大義名分（口実）をつくり出すことで、誰も処分されることなく、文書の再発行も可能になるのである。

　こういうすり替え（改ざんともいう）を、上手に行なうことが、優れた官人の腕の見せ所でもあったようだが、今となっては、もはや誰の発案であるかもわからない。『小右記』には、さりげなく記されているが、当たり前のことだったからだろう。実は保昌は、『小右記』を記した藤原実資（さねすけ）の家人でもあった。書き残されたのは、そのためであって、こういった方策が、取り立てて珍しいからではない。発案は実資本人か、もしくは実資の家人である保昌を処分することを避けるため、忖度（そんたく）した太政官（だじょうかん）の官人ではないだろうか。

　なお、ストーリーを書き替えたところで、そもそも最初に捺印していない文書をなぜ渡したのか、という疑問が生じるが、そういうことは問い詰めないのも、当たり前のことである。誰も処分することなく、まぁーるく治めることが目的なのだから。

触穢でないにもかかわらず、触穢だと届け出て予習をしたり、紛失を隠蔽するために、文書に捺印し忘れたとでっち上げたりと、平安貴族たちの価値観は、われわれとは大きく異なることがおわかりいただけるのではないだろうか。

よみがえる人びと

そこでもう一つ、ダメ押しの事例を紹介しておこう。

十二世紀の前半のことである、針博士や侍医などをつとめた医道の官人に、丹波重忠という人物がいた。重忠は施薬院使という官職を有していたが、天養元年（一一四四）二月十二日に亡くなってしまう。急死したようである。しかし『権少外記清原重憲記』によると、重忠は翌朝に息を吹き返したという。蘇生したのである。しかも、よみがえった重忠は、施薬院使を息子重成へ譲る手続きを済ませると、再び深い眠りについたという。もうおわかりだろう。重忠が蘇生したなどというのは、真っ赤なウソなのである。

実は当時、官人が所帯している官職は、勅許（天皇の許し）があれば子弟らへ譲与できた。世襲できるのである。もちろん制限があり、譲与する官職を申請者が保持していることや、譲られる子弟が一定の年齢に達しており、職務を遂行できる能力・経験のあることなどが求められた。条件付きで、許可制ではあるが、特定官職の世襲ができたのである

（井上幸二〇二二）。

重忠が急死した時、いちばん困ったのは嫡男の重成であろう。急死されてしまうと、所帯職譲与の手続きが間に合わないからだ。このままでは、父が有していた施薬院使のポストを、一族のライバルに奪われてしまうかもしれない。そこで重成は、父重忠が蘇生したことにしたのである。本人が生きていれば、所帯官職の譲与が申請できる。もちろん、申請された側も、重忠が亡くなったのを知っている。まさか蘇生を信じたわけではないだろう。お互い、急死すると所帯職の譲与はできないことを知っているからこそ、蘇生して本人が申請したという建前をつくったのである。

目から鱗、ウルトラC級の発案だが、このような案でも受け入れられた。結論ありきの方針が、蘇生のような怪しげな話を産み出したといってよいだろう。もちろん、これを記録した清原重憲も、「未曽有（みぞう）の事なり」と記しているが、この経緯を非難しているわけではなさそうである。そのようなニュアンスは一切感じられない。というのも、蘇生とまではいかなくとも、よく似た申請は珍しくなかったからである。

丹波重忠の蘇生から一〇年後のことである。久寿（きゅうじゅ）元年（一一五四）九月九日、穀倉院（こくそういん）別当（べっとう）をつとめていた中原師安（なかはらのもろやす）が出家した。重病のためであった。師安がつとめていた穀倉院別当は欠員となり、速やかに後任を補すこととなる、はずであった。藤原頼長は具体的な後任候補の名をあげている。ところが師安の嫡男である大外記師業は、「父譲」を主張して、さっさと世襲する手続きを進め、十二日には中原師業が穀倉院別当に補されてしまった。本来ならば、師安はすでに出家しており、同時に欠員となるのであるから、「譲」による継承（世襲）はできないはずである。師業の補任を知った頼長は、「非理の甚だしきなり」と非難の言葉を『台記』に残している。

しかしこれにも、からくりがあった。中原師業は、父師安が出家したことを、「披露」していないのである。つまり出家したことを隠しているのである。それゆえ、事実はともあれ書類上は、師安はまだ出家していなかったのだ。師業はその間に手続きを進め、もう大丈夫という段階にいたってようやく、師安出家を公表・届け出たのである。もちろん、当時の情報網はそんなに甘いものではない。師安出家の報は直後に知れ渡り、多くの人びとが師安の出家を知っている。頼長も日記にしっかり書き記している。それでも披露されていなければ、書類上は出家していないことになったのだ。貴族社会では、現実におきている事実と、記録された公式見解としての事実との間に、さまざまな「差」が存在していたのである。平安貴族たちはこうした「差」を巧妙に使いこなして、自らに都合のよいストーリーをつくり出していたのである。

一見すると不思議なできごとにも、創作されないといけない理由があったのである。

でも昇進しない

平安貴族たちの中でも、無位もしくは六位以下の位階にしか進めない侍身分の場合は、きわめて出世は難しい。というのも、事実上、ほとんど出世はないからである。出世どころか、異動すらないかもしれない。まずは幾人か、例を見てみよう。

評価は高いが身分は低い

一人目は、安倍宗重。十二世紀の前半を生きた官人だが、その肩書きはほぼずっと「史生」であった。史生とは、四等官（国であれば守・介・掾・目）より低い雑任の官であり、多くは無位の者、もしくは位階を有していても六位以下でしかない。史生は、多くの官衙に配置されていたが、宗重がつとめた史生は太政官の下級職員で、外記史生であったと思われる。そうであれば、定員は一〇名であった。

宗重の初見は、康和五年（一一〇三）正月十九日であろう。この日、外記庁における政を終えた後、印璽を捺す請印儀をつとめた人物の一人として『中右記』に「史生宗重」と記されている。その後も宗重の名は、史生として度々あらわれるが、大治五年（一一三〇）十一月二十七日になってようやく検非違使府生へ進んでいる。そのことを記す『長秋記』には、「多年の宿望なり」と添えられていることから、宗重は長い間、この昇進を望んでいたことがうかがえよう。それでも二八年もの間、史生から進めなかったのである。

とはいえ、この検非違使府生というのも、その身分は史生と大差はない。検非違使の中では、志よりも低く、案主らよりは高いポストで、史生と同じく雑任である。つまり外記史生よりは少しましというだけで、身分が上がったわけではない。加えて、ようやくの昇進ではあったものの、それから二年半の後、長承二年（一一三三）五月一日に宗重は亡くなっている。

次に、狛光経を見てみよう。安倍宗重よりも二世代ほど年長の人物で、永長元年（一〇九六）九月二十七日に、六四歳で亡くなっている。その肩書きは、官掌である。これも外記史生と同じような太政官の下級職員だが、定員は左右合わせて四名であった。光経は、治暦四年（一〇六八）十月三十日の大嘗会例大祓に際して、「官掌光常」（光経）としてあらわれるのが初見と思われるが、永長元年に亡くなった際には、『中右記』に「官掌に補して後、已に四十年に及ぶ、官中の要人なり」と記されている。四〇年間、官掌でありつづけ、そのまま亡くなったのである。しかし誤解をしないでほしい。下級職員に長く留まっていたからといって、それはその人物が働いていないとか、無能だとか言うわけでは決してないのである。むしろ評価はその反対で、長い間にさまざまな経験を積み上げてきた、故実・先例をよく知っている人物として重視され、「要人」と評される。

このように、数十年にもわたって同一ポストに在任しつづける人物は、下級官職では珍しくなく、しかもそれらの人びとの多くは、高い評価を与えられているのである。

任された職務

これまでにも述べてきたように、平安貴族たちの仕事は、公事・儀式の遂行であった。しかしそれは、儀式の当日、そこで儀式を行なうことだけを指すのではない。儀式を催すためには、それに向けた準備が必要であり、諸大夫・侍にとっては、むしろそちら側に重点が置かれていた。

儀式には、誰が出仕するのか、それぞれがどのように振る舞うのか、といった儀式の進行に関わることもさることながら、史生のような下級職員にとっては、そこで使われる物品の準備が求められたのである。会場の舗設はどうするのか、どの場面で何を使うのかといったことを確かめ、不足していれば補うのだろうが、ではそれは、どこの組織が負担するのかといったことまで考えて手配をする必要があった。こういった多様な雑用があり、しかもそれぞれに財源も必要である。それらの実務を行なうのが、彼らであった。侍身分のような、こうした下級職員が、儀式の進行を支えていたのである。

これに対して諸大夫は、現場の指揮官のような位置づけとなろう。そして公卿は、責任者といってよいかもしれない。これらの人びとは、定期的に代わっていく。何十年も同じポストにいることは珍しく、短かければ数か月で異動していく。そのため、史生のような下級職員は、経験豊富なメンバーで固めてしまう方が、安心なのである。それゆえ、たとえ責任者や現場指揮官が触穢などで出仕できなかったり、異動直後で準備が不十分であったりしても、例年通りの実務だけなら下級職員だけで大きな問題は生じなかったであろう。とはいえ彼らは、侍身分の下級職員である。ものごとを進めていくには、管理職のゴーサインがなければいけない。確認するという意味も込めて、下級職員に一任することはなく、諸大夫・公卿といったより高い身分の者が管理職として、乗っかっていたのである。

実務は、経験にまさる侍身分の下級職員に任せ、それらの現場管理は諸大夫身分の者が担い、最終的な責任は公卿身分の者がもつという役割分担が、そこにはうかがえよう。身分は、それぞれに任された職務内容と対応していたといってもよいだろう。

信仰に生きる

このように、仕事ができるということと、出世するということは、直接には結びつかない。身分による分厚い「壁」がそれを阻むのである。それでも十世紀頃までであれば、太政官史生から諸司の令史（属・録）へ昇進した例も多い。なかには、太政官史生から隼人令史→中宮大属→式部大録をへて六位史へ進んだ肥田維延や、大舎人属→勘解由主典をへて六位史となった竹田宣理のように、叙爵できた者もいたことも確かである。しかし、史生経験者の昇進は、十一世紀以降は六位官までしか確認できなくなってゆく。史生が昇進するルートに変化が生じ、叙爵（貴族）への道は絶たれたのだ。十一世紀以降に、叙爵できた史生・官掌は、確認できない。この昇進ルートの断絶によって、前述したような、何十年も史生・官掌として働いた結果、老年に及んでようやく同じ六位官への転任が許されるというような状況が、生じてきたのである。

こうした限界のためだろうか、侍身分の下級官人の中には、信仰の世界でよく知られた人物も多い。

たとえば安倍為恒という十一世紀半ばの人物は、外記史生であった。先に紹介した安倍宗重の祖父ぐらいの世代である。長暦元年（一〇三七）六月二十三日に請印儀を執り行なった際、奉仕した外記史生として名が記されており（『行親記』）、実在が確かめられる。『拾遺往生伝』という史料によると、為恒は毎日欠かさずお香を焚き、阿弥陀仏を礼拝していたという。どのような急用があっても、それだけは続けたというから、敬虔なる浄土信仰者であったのだろう。周囲の人びとにもそのことは知れ渡っていたらしく、ある日、為恒が極楽往生する夢を見たという人まであらわれる。周囲の人びとも、為恒の行ないに敬意を払い、きっと為恒は往生できるに違いないと思っていたようだ。するとその三日後、為恒は急死してしまった。だが誰もが、為恒の極楽往生を信じて疑わなかったという。

このような逸話を収録している『拾遺往生伝』は、三善為康が編んだものである。先にも触れた、越中出身の中央官僚であるが、為康もまた、身分の壁に阻まれながらも、到達できる限界に近いところまで昇進していった人物であったことを思うと、侍・諸大夫といった人びとによる浄土信仰にも違った側面が見いだせるような気がする。

芸は身を助けるのか？

平安貴族たちの中でも、公卿身分の人びとについては、歌舞音曲に優れたという逸話を残している者も多く、またイメージ的にも似つかわしいだろう。一方、諸大夫・侍身分の人びとではどうだろうか。本書でも、官人として事務的な仕事に励んでいることを強調しているので、歌舞音曲のような芸能に親しんでいたイメージは薄いかもしれない。しかし、そういった人びとの中にも、公卿と同じように和歌や奏楽に造詣が深い者は多くいたのである。官人としてよりも、むしろそういった芸能の方で知られるようになった人物も多い。

芸能をたしなむ諸大夫・侍

そうすると、次のような疑問も浮かんでこよう。公卿身分の人びとが、芸能に親しんだのは、そもそもそういった芸能を身につけることが、社会的ステータスとして定着していた、言い換えるならば、公卿であるがゆえに、公卿として恥ずかしくないように身につけていたのであろうが、諸大夫・侍たちは、なぜそうした芸能を身につけていたのであろうか。公卿であれば、天皇の身近に参仕した際や、儀式・宴・節会などに際し、それを披露することもあったが、文筆官僚であるうえに、身分も低い官人たちにそれが求められることは滅多にない。

そこで本節では、さまざまな芸能・能力に優れたことで知られる諸大夫・官人を紹介し、その関係性を見ていきたい。

大江康貞

まず最初に、文筆官僚の本分である学問から取りあげよう。『十訓抄』巻第十（及び『古事談』）には、次のような大江康貞の逸話が載っている。

> 法性寺関白の御時、東北院領山城国池田荘解を朝隆卿執筆のとき取り申されけり、その状の中に、
>
> 　非啻軽殿下之御威、兼又成梁上之奸濫
>
> と書きたるを御覧じて、「この解状は田舎ものの草にあらず、学生儒者などの書たるにこそ、尋ねよ」と仰られければ、荘官等に召し尋ねらるるに、暫らくは秘蔵して

> 申さぬを、「殿下の御定なり」とて問いければ、「江外記康貞と申す者に、縁にふれて誂えて候」と申しけり、これによって康貞を文殿に召し加へられにけり、これら、文章に付したる面目なり、

ここにあらわれる大江康貞という人物は、白河院の院庁で主典代をつとめた後、保安元年（一一二〇）四月に権少外記に任じられ、保安二・三年には叙爵したものと推察されている。白河院の近くに仕え、恐らくはその影響で六位外記に進むことができたのだろうが、もちろんそれに値するだけの能力も備えていたに違いない。

対して『十訓抄』の逸話は、「法性寺関白」「朝隆卿」という表現から、仁平三年（一一五三）閏十二月以降、保元三年（一一五八）八月までの状況に該当する。実際、康貞は外記となって以降の経歴がわからず、顕職には就けていない。仕えていた白河院が、大治四年（一一二九）に亡くなっていることも、その不遇に関係していようか。

この逸話では、叙爵した後も恐らく官職に恵まれないまま、三〇年ほどを経ている大江康貞が描かれているのであろう。康貞の年齢はわからないが、三〇歳前後で叙爵したと仮定すれば、六〇歳をこえていたはずである。そうした中、康貞は、池田荘の庄官に頼まれて解（申請書類）を代作したのであった。すると、その文章が「田舎もの」らしくない立

派なものであったため、関白藤原忠通（一〇九七～一一六四）の目にとまり、文殿衆として召しだされたことが語られている。ここから、もと文章生であった康貞が、その知識を活かして、代筆業のようなことを行なっていたことがわかる。

当時、叙爵して諸大夫身分となった後も、よい官職に恵まれる者は一握りにすぎなかったことは、先にも触れた通りである。多くは、康貞のように長い待機期間を経験し、その間をさまざまな方法で生きぬき、任官を待ち望んでいたのであろう。そこで、文章道の知識が豊富だった康貞は、それを活かしてゴースト・ライターになっていたのである。同じようなことは、多くの人物が行なっていたのではないだろうか。

たとえば橘直幹は、申文の文章は自作したが、清書は小野道風に頼んでいるし（カバー図版『直幹申文絵詞』）、『本朝文粋』や『菅家文草』をひもとけば、代筆した文章が数多く見いだせることは、いうまでもないだろう。

文殿衆

大江康貞が召しだされ、補任されたのは、『十訓抄』には「文殿」とだけ記されているが、これは摂関家の文殿のことを指している。文殿というと、太政官正庁敷地内にあった官文殿や、外記庁内の文殿などが著名だが、摂関家や院にも文殿が置かれていた（井上幸二〇一一）。

この文殿が摂関家の文殿であると考えるならば、キーパーソンとして藤原朝隆（一〇九七〜一一五九）の存在感がぐっと増してくる。この朝隆、どのような人物かというと、その父は、蔵人・弁官をつとめて白河院の側近となり、実にこの家系で四代ぶりに公卿身分を獲得した藤原為房（一〇四九〜一一一五）という、よく知られた公卿である。白河院の近臣の代表格といってよいだろう。朝隆はその六男で、母親は「讃岐宣旨」と呼ばれ、藤原忠通の乳母をつとめた女性である。忠通は、摂関家の嫡流に生まれ、保安二年（一一二一）から保元三年（一一五八）まで摂政・関白に在任しつづけた人物である。朝隆は、蔵人・弁官をつとめて公卿身分へ昇ったが、院近臣となっていった父兄とは違い、摂関家に奉仕している。摂関家の当主の忠通とは乳兄弟であるから、当然のことであろう。

説話の中にあらわれる東北院領は、摂関家領の一つである。その事務処理を行なっていたということは、朝隆は、東北院領の経営を任されていたのではないだろうか。そのような中で、康貞の文書を取りあげたことによって、忠通の目に触れたのである。召しだされたところも摂関家の文殿と考えるのが妥当であろう。摂関家の文殿であれば、藤原忠通の一存で文殿衆に加えることができたはずだ。そこに朝隆の推薦があれば、なおさらであろう。

登場人物の関係を、このようにひもといていくと、先の説話にもやや胡散臭いところが見えはじめるのではなかろうか。つまり前述したように、朝隆の係累が白河院・摂関家と関係が深いことに加え、康貞がかつて白河院庁で主典代をつとめていたこと、康貞の経歴・叙爵年から推定すると、その年齢は朝隆のそれと近く、さらに二人ともに文章生（もんじょうしょう）の出身であることなどを総合すると、康貞・朝隆の二人は、旧知の間柄であった可能性も考えられよう。そうすると、ここからは何の根拠もない憶測になってしまうが、旧知の康貞が任官できずにいることを知った朝隆が、召しだす口実をこのような形でつくり出したという可能性も考えられるのではないだろうか。

朝隆の推薦であれば、文殿衆一人の加任に忠通は何の文句も付けないであろう。とはいえ、さしたる実績もないのに新加入させるのもおかしい。そこで、このような解状がつくられたと考えてみると、いかがだろうか。すべては、康貞を文殿衆に加えるため、朝隆が仕組んだやらせだったようにも見なせるのである。そして忠通も、見事にそれに乗っかったのである。もちろん、すべてを承知のうえで。

なお摂関家の文殿には、文殿衆という人びとが置かれており、月に数日だけ出仕していたことがわかっている。文殿衆とされたのは、多くが諸大夫身分に属する文章道などの諸道を学び、そこで実績をあげてきた人びとである。毎年、文殿始という儀式を行ない、漢詩を詠む会を催したり、他の公卿らから借りてきた日記類の書写などを行なっている。ほとんどの文殿衆は、他に本官を持っているので、通常は、手の空いている時に時々やって来る程度であり、もちろん無報酬ではないが、大したものでもないだろう。旧友に差しのばされた援助の印としては、ちょうどよいように思える。

中原貞親

中原貞親は、永承五年～康平二年（一〇五〇～五九）に大外記（大夫外記）をつとめていたと思われる人物で、明経道を学び、博士にまで至った学識肌でもあったが、雅楽に用いる笙の名手としても知られていた。『古今著聞集』第六には、大外記であった時の次のような話が収められている。

ある時、後冷泉天皇が花見をするために白河院へ行幸した。白河院は、後に法勝寺となる施設で、平安京の東郊を流れる白川付近（京都市左京区岡崎）につくられた離宮のような施設である（図20）。白川は、名前の示す通り、美しい白砂をもたらしている。恐らくは、白川の水流や白砂を利用して池泉が築かれ、美しい庭園をつくり出したのであろう。行幸では、そこで殿上人の奏楽が予定されていた。

しかし当日になって急に、笙を担当する予定の人物が不参を申し出てきた。笙は、楽曲のベースを表現する楽器であるため、欠けてしまうと楽曲にならない。さりとて、他のパートを担当する人びとも、選ばれた名手ばかりである。代役とはいえ、下手な者が入るわけにもいかず、しかも平安京からは離れているので、代役を呼びに行くにも時間が必要である。そうした、とても困った事態に陥ってしまった。

図20　白川院跡の石碑（京都市左京区）

そこにたまたま中原貞親がいたのである。実は、大外記がそこで仕事をしていること自体は何らおかしなことではない。外記は、儀式などの出欠を管理しているので、貞親は行幸に供奉した人びとをチェックしていたのである。もちろん、その勤務に笙は不要であるが、念のため、笙を持参しているかと尋ねると、貞親は懐から愛用の笙をそっと取り出したという。笙は暖めておくものゆえ、いつでも奏でられるよう、懐に入れていたのであろう。もちろん貞親は、奏楽担当者の不参を予知していたわけではない。暇があれば奏でようと、持参していたのではないだろうか。そうした日頃の心がけというか、行ないが、貞親に晴れ舞台をもたらしたのである。

こうして、殿上人に混じって貞親も奏楽の列に連なったのであるが、貞親以外は全員、殿上人である。殿上人は、恐らく全員が黒の袍（ほう）を着していたはずだ。しかし貞親は従五位下（じゅごいのげ）であり、もちろん昇殿も許されていない。他の殿上人よりもワンランク地位の低い貞親がまとうのは、緋色（ひいろ）（赤）の衣であった。奏楽する殿上人の黒い集団の中、一人だけ混じる緋色の衣。誇らしいことは間違いないが、かといって、このできごと一つだけでは、貞親の昇進に影響を及ぼすまでには至らなかったようである。

貞親は、大夫外記を辞した後、目立って昇進した形跡はない。そもそも、大外記に就いている時点で、十分に評価されているわけだから、本人はそれ以上、昇進しなかっただろう。それでも、子孫は六位外記を受け継ぎ、摂関家に奉仕する家系として続いている。

大江公資　『古事談』巻第六（または『十訓抄』第十）には、次のような話も収録されている。この話で取りあげられているのは、大江公資（きんより）という官人である。現在では、歌人として紹介されることが多く、『後拾遺和歌集』（ごしゅういわかしゅう）（応徳（おうとく）三年〈一〇八六〉選）に入選した

東路（あずまじ）のおもひでにせんほととぎす　老曽（おいそ）の森の夜半（よわ）の一こゑ

という歌がよく知られる。この和歌が有名になったお蔭で、老曽の杜（滋賀県近江八幡市、図21）はホトトギスの名所となっている。公資の妻も「相模」という名で知られる歌人である。もとは乙侍従という名で知られていたが、公資が相模守となり、その妻になったことから、「相模」と呼ばれるようになった。

図21　老曽の杜（滋賀県近江八幡市）

歌人として著名な公資には、優秀な官人としての一面もあった。文章生の出身であった公資は、長和元年（一〇一二）頃に六位外記となっていたことが確かめられている。恐らくは、長和三・四年頃に従五位下へ叙され、貴族の仲間入りを果たしたことだろう。相模守となったのはさらにその後であり、寛仁四年（一〇二〇）のことである。

そして相模守の勤めを終えた後のことと思われるが、次のように記される。

大江公資大外記を所望しけるとき、僉議有りて、拝任よろしかるべきよし、諸卿定め申されけるに、彼おとゞ（実資）の意見に云わく、公資は相模を懐抱して、秀哥案ぜんほどに、公事を闕如と云々、人々わらはれけり、その詞によりて本意をとげず、度々かやうの事有りけるにや、相模は冷泉院御時の一品宮の女房、もとの名は乙侍従なり、公資相模守たる時の妻とするによりて、その号あり、夫婦ともに哥よみなりけり

大江公資が大外記（大夫外記）への任官を願ったというのだから、叙爵・任受領の後のことであることは間違いない。前述したように、大夫外記（大外記）は、六位外記から叙爵した後、受領を経験した人物の中から選ばれた。十一世紀半ばから後になると、大夫外記は明経博士を世襲する中原氏・清原氏の一族からしか選ばれなくなるが（佐藤一九八三）、まだ公資の世代には、その制度は確立していなかった。つまり公資にも大外記になるチャンスは十分にあったのである。実際、公卿らによる僉議では、後任を公資とすることがほぼ決まりかけていたようだ。しかし右大臣藤原実資のこぼした次のような冗談が、状況を変えた。

公資は相模を懐抱して、秀哥案ぜんほどに、公事を闕如

（公資は、仲のよい妻の相模と一緒に、秀歌をつくることで頭はいっぱいだろうし、そのため公事も欠勤するんじゃないか？）

僉議の座にいた人びとは、そんなこともあるかもしれないと思って笑ったようだが、実はこれは、意外と重要な指摘なのである。既述のように、大夫外記は人事・先例に関する重要ポストである。公事に先だって急な不参・欠員が生じた際など、対策の先例を問い合わせたり、補充人員を手配したりと、公事の開催には欠かせない官人である。そのため、この右大臣実資の発言は、公資に大外記を任せても大丈夫だろうか？　という不安を皆に抱かせてしまったのだろう。

結局、こういった発言により、大江公資が大夫外記となることはなかった。恐らく公資には、そのチャンスが治安(ちあん)二年（一〇二二）、長元(ちょうげん)二年（一〇二九）、同六年の三回はあったと思われる。しかしいずれの時も、公資は任じられなかった。その理由がすべて、実資の発言によるとはいわないが、公資は、歌人として名を馳せていたがゆえに、大外記の座を射止められなかったことは、事実なのであろう。ちなみに藤原実資は、右記三回のいずれにおいても、右大臣として現任している。

公資は、次のような和歌も詠んでいる。

除目(じもく)のころ、つかさたまはらてなけき侍(はべり)ける時、範永(のりなが)かもとにつかはしける

としことに涙の川にうかへとも　みはなけられぬ物にそありける

（毎年任官できず、涙がほほを川のように流れるが、いくら川のようでも、そこに身を投げることはできないし、まだあきらめてもいないよ）

（『千載和歌集』巻十七雑中）

範永は、同じく歌人として知られる人物であるが、公資とどのような関係だったのかまではわからない。ただ公資は、大夫外記に就けなかったような苦い経験までも、よい歌を詠むための題材として活かそうとしたことがわかる。

今様

今様とは、院政期に庶民の間で流行した、七五調を基調にしつつも形式にとらわれない歌謡である。そして今様といえば、想起されるのはもちろん後白河院（一一二七〜九二、図22）と、その手によって編まれた『梁塵秘抄』ではないだろうか。同書に収められる「口伝集」には、後白河院が熱狂的に今様に打ち込み、学び、謡う様が描かれていることで知られる。そしてそこには、後白河院とともに今様を謡っていた平安貴族たちの記述も多く含まれている。たとえば、後白河院の近習であり、安元三年（一一七七）の鹿ケ谷事件で処罰されたことで知られる平康頼は著名であろう。

だが、後白河の今様仲間は、康頼一人だけではない。

たとえば、康頼と並んで評されている人物に、惟宗広言という官人がいる。歌人としても知られており、『千載和歌集』には五首が入選しており、文治三年（一一八七）までその活動が確かめられている。ただし官職にはあまり恵まれていない。仁安三年（一一六八）五月十三日に民部丞となっているほか（『兵範記』）、日記などでの確認はできていないが、系図類には筑後守などの官歴も見える。恐らく叙爵はできたであろうから、後に筑後守となることは十分考えられる。そうであれば、民部大夫として長く無官の時期を過ごしていたのかもしれない。

図22　後白河院（「天子摂関御影」宮内庁三の丸尚蔵館所蔵）

この広言は、後白河院の今様仲間に加わっており、『梁塵秘抄』において、次のように評されている。

こは色あし（悪）からず、歌ひ過ちせず、節はうるせくにする所あり、心さとくきゝ（聞取）とる事もありて、いか様にも、上手にてこそ、

（『梁塵秘抄』口伝集巻第十）

と記され、広言は美声で謡い、特に正確に間違いのないよう謡ったことが、賞されているようだ。後白河院とは、節（アクセント）の付け方で好みが分か

れたようだが、堅実派だったような印象をうける。偏見かもしれないが、いかにも文官っぽい。

一方の康頼は、武官を中心とした経歴をもっており、検非違使（けびいし）にもなっているが、後白河院からは次のように評される。

> 声におきてはめでたき声なり、細くけう（希有）なる上に、人うてせずいき（息）つよし、声をのどにおとしすえて、そこにつかひて、しづまりしむ事ぞなきは、つかひがら也、さとくもあり、娑羅林（しゃらりん）、早歌など、弁（わきま）へ歌ふこと、心えたる上手なるが歌の程より心がすぎて、まだしき歌をもとく心得て、のどむる事なくて、歌ひ過（あやま）ち多かり、
>
> （『梁塵秘抄』口伝集巻第十）

後白河院は、康頼の声を「めでたき声」とベタ褒めしている。ところが新しい物好きというか、覚えたての歌を謡ってミスも多かったようだ。広言に比べると、堅実さに欠けたのだろう。

二人とも、傾向は異なるとはいえ、後白河院とともに今様の習得に励んだ共通点がある。しかしともに、後白河院によって大抜擢されるようなことはなかった。康頼は承安（じょうあん）四年（一一七四）に検非違使尉（けびいしのじょう）（六位）とされており、そのことを後白河院の近習として取り

立てられたように書かれることが多いが、父も諸大夫身分であることを考慮すれば、いずれ叙爵する程度で、身分を上昇させるほどのことではない。鹿ヶ谷事件で流罪となってしまうが、たとえそれがなかったとしても、諸大夫として生涯を送ったのではないだろうか。そしてそれは、もう一人の広言でも同じであった。ともに今様を学び、それぞれ評価を受けていたにもかかわらず、彼らは身分を上昇させることができなかったのである。

よく「芸は身を助ける」という。平安貴族たちも、それぞれが多様な技能を身につけていたことがわかる。多くは、その技能をプラスに働かせていたのであろう。だが常にそうなるとは限らない。何の関係もなかったことや、場合によってはマイナスになることもあったのである。それでも彼らは、積極的に芸を嗜んだり、歌舞音曲に親しんだりした。

こうしたことがらの背景には、平安貴族たちが基礎教養として親しんでいた儒学の存在も考慮すべきであろう。儒学において詩文・音楽は、「子、曰わく、人にして仁ならずんば、礼を如何、人にして仁ならずんば、楽を如何」（『論語』八佾第三）、「子、曰わく、詩に興こり、礼に立ち、楽に成る」（『論語』泰伯第八）というように、人としての品性や容儀を整えるものとして重視されていたからである。平安貴族たちは、立派な文章をすらすらとつくったり、美しい音楽を優美に奏でたりすることによって、少しでも理想的な人物像へ近づこうと努力していたのである。

平安貴族たちの退場――エピローグ

後鳥羽院政

本書では、平安時代の中・後期を舞台に、平安貴族たちがどのような仕事をし、日常を過ごしていたかを紹介してきた。そこで注意してきたことは、平安貴族たちといっても、身分によって大きな差があったということである。公卿・諸大夫・侍という身分の壁は、とても厚く頑丈であり、その差は、いたるところであらわれ、いずれの点においても顕著であった。そして第二に、平安貴族たちは遊んでばかりいたわけではなく、政務や年中行事の遂行を重要な仕事としており、その際、公卿・諸大夫・侍らは役割を分担していたということである。平安貴族たちの日常はこうした年中行事や法会などの政務で忙しいものであり、その忙しさは、各ポストの重要度に比例していたといってもよいだろう。

ところで、こうした平安貴族たちの暮らしぶりは、いつまで続いたのだろうか。最後にその点に触れたい。

まず平安時代の終わりであるが、十二世紀末のいわゆる治承・寿永の内乱（源平合戦）をへて、鎌倉を拠点とする武家政権が成立することをもって、鎌倉時代へと移行していくとされている。ではそれによって平安貴族たちの仕事が一挙になくなったのかといえば、そうではない。内乱後の京都では、文治・建久年間を通じて、徐々に体制が建てなおされていき、後鳥羽院による院政が布かれることで、本来の姿へと戻っていった。

当該期の六位外記・六位史の補任状況を確認しても、それは明らかである。内乱期には、粟田（桜間）良連のように無官から六位外記へ補された者や、中原経時のように「前正親佑」から六位外記となる者などが見られる。こうした無官・前官から六位外記・六位史に補任されることは、それまでは見られなかった。こうした傾向は、文治・建久年間にも続く。たとえば文治二年（一一八六）には正月除目が中止され、春除目も行なわれはしたものの、小規模であったことがうかがえる。二月二十六日に九条兼実のもとを訪れた大夫史小槻広房は、「近年、月奏断絶す、また東寺の国忌、偏にもって無沙汰、おおよそ禁中の狼藉、陣中の破損、あげて計ふべからず」（『玉葉』）と違例・陵遅を訴えており、内乱の影響は残りつづけたのである。

しかし後鳥羽院政期に入ると、無官・前官から補任することは残るものの数が減り、叙爵（巡爵）は安定して行なわれている。政務をはじめとする公事・年中行事も、その奨励・興隆が唱えられていることから、不十分になりつつあったことがわかるが、実施すべきだという意識には変化はないといってよいだろう。たしかに、鎌倉には新たな武家政権が誕生し、朝廷を支える経済体制にも変化があらわれていたものの、後鳥羽院政期の平安貴族たちには、それほど目立った変化は見られないのである。

中世の公家社会へ

承久の乱後になると、徐々にではあるが、諸大夫・侍の人生サイクルに変化があらわれる。たとえば、それまで約三五〇年以上続いていた六位外記・六位史の定期的叙爵（巡爵）→受領任官というルートが途絶えてしまうことは、大きな変化といってよいだろう。代わって、六位外記・六位史の中に、長期にわたって叙爵しないまま在職しつづける者があらわれる。

それまで、六位外記は長くても四年、六位史は最長七年つとめれば叙爵された。最短であれば数か月で叙爵した者も少なくない。そんなに長期にわたって在職するポストではなかったのだが、そこに一〇年、二〇年といつづける人物があらわれるのである。

それはまるで、長期にわたって在任しつづける史生のようであり、六位外記・六位史の史生化ともいえよう。実際、そうして在職しつづけるのは大夫外記・大夫史の家人であった人物であり、もと史生であった者も含まれている。こうして、史生から六位史という昇進コースは、十一世紀半ばに途切れていたのだが、十三世紀半ばになると形を変えて復活するのである（玉井一九九四・井上幸二〇一六）。

こうした変化は、朝廷の人的基盤の縮小が影響していると思われる。組織の縮小によってもっとも影響を受けやすいのが、もっとも立場の弱い者、つまりは公卿ではなく諸大夫、さらには侍身分の人びとであったことを端的に示していよう。実際、この間、公卿の人生サイクルに大きな変化は見えない。むしろ羽林ルート・弁官ルートをへて、蔵人頭から公卿へという昇進コースは完全に定着しており、羽林家・名家（弁官ルート）という家格も、揺るぎないものとなっていた。

このように、平安時代の九世紀に生まれ、長く続いてきたシステムは、承久の乱後に変化していき、十三世紀末には新しい体制が整ってくる。政治史では、九世紀は平安時代の真っ最中、十三世紀末も鎌倉時代の真っ最中だが、政治史の区切りと、こうした人生サイクルの変化とは、必ずしも一致するものではないのである。

承久の乱後、平安貴族たちの暮らしぶりは徐々に変化していった。これ以上、本書では触れないが、それは、新しい時代に対応した中世公家社会の誕生といえるだろう。

あとがき

本書では、主に平安時代中・後期において、平安貴族たちが行なった政務とはどのようなものであるかを、具体的に紹介することを目標にした。そしてそこでは、身分が高く、著名な政治家のほとんどが属する公卿（くぎょう）だけでなく、知名度の低い諸大夫（しょだゆう）・侍身分の人びとにも目を向けることで、平安貴族たちの世界全体を見渡してもらうことをめざしたつもりである。本書をきっかけに、そうした人びとへの関心が少しでも高まれば、著者としてしあわせである。

組織が巨大である以上、いずれのものごとにも多くの人びとが関わり、ともに働いていたことは容易に推測できるだろう。朝廷による全国支配は、決して、王権や公卿の力量だけによって維持されていたわけではないのであり、公卿・諸大夫・侍という多様な個性に彩られたチームワークの成果であったといってもよいだろう。もちろんこれは、平安京の中だけの話ではない。

これまで、小生の関心は主に諸大夫身分へ向いてきた。そのため、本書でもそこに記述が集まりすぎたきらいはあるが、公卿だけで語らず、平安貴族たち全員による政務というものを感じ取っていただけるよう、心がけたつもりである。

そのため、本書ではいくつもの政務・行事を例にあげている。だが、それぞれの政務・行事には、詳細な先行研究があるものも少なくない。本書では、その一つ一つを十分に紹介できていないことはもちろんだが、成果そのものすら果たして正しく反映できたかどうか、不安なところが少なくない。それらはすべて、小生の未熟さ、力量の少なさによるものであることを明示しておきたい。

本書のきっかけとなったのは、宇治市源氏物語ミュージアムによる平成三〇年度連続講座である。その後、そこでの講演内容をもとにした『光源氏に迫る—源氏物語の歴史と文化—』が、吉川弘文館から刊行されることとなり、そこに拙稿も収録していただけた。それが本書につながっている。併せてご覧いただければ、幸いである。本書の執筆には、もちろんのことだが、多くの方々にお世話いただいた。いちいちお名前は記さないが、厚く御礼申し上げたい。また私ごとではあるが、いろいろと手間取っている小生に向かって、早く書くようハッパをかける妻に対し、日頃は何も言わないので、こういうところで心からの感謝を記すことをお許しいただきたい。

本書の出版にあたっては、吉川弘文館の石津輝真氏・高木宏平氏にお世話になった。あらためて深く御礼を申し上げる。

癸卯年二月二十一日

井上幸治

主要参考文献

京都市編『京都の歴史1　平安の新京』（京都市史編さん所、一九七〇年）
井上満郎「平安京の人口について」（『京都市歴史資料館紀要』一〇号、一九九二年）
井原今朝男『日本中世の国政と家政』（校倉書房、一九九五年）
遠藤珠紀『中世朝廷の官司制度』（吉川弘文館、二〇一一年）
小原　仁『文人貴族の系譜』（吉川弘文館、一九八七年）
酒井宏治「辞官申任の成立」（大山喬平教授退官記念会編『日本国家の史的特質　古代・中世』思文閣出版、一九九七年）
佐古愛己『平安貴族社会の秩序と昇進』（思文閣出版、二〇一二年）
佐藤進一『日本の中世国家』（岩波書店、一九八三年）
曽我良成「官務家成立の歴史的背景」（『王朝国家政務の研究』吉川弘文館、二〇一二年。初出一九八三年）
同　「実務官人の「家」と家業の継承」（『王朝国家政務の研究』前掲。初出一九八五年）
棚橋光男「行事所」（『中世成立期の法と国家』塙書房、一九八三年。初出一九七八年）
谷口　昭「続文攷」（『法制史研究』二二号、一九七二年）
玉井　力『平安時代の貴族と天皇』（岩波書店、二〇〇〇年）

同　「官司請負制　鎌倉後期の少外記にみる」（『週刊朝日百科日本の歴史別冊　歴史を読みなおす3天武・後白河・後醍醐　王権の変貌』朝日新聞社、一九九四年）

土田直鎮『奈良平安時代史研究』（吉川弘文館、一九九二年）

永井　晋『官史補任』（続群書類従完成会、一九九八年）

中原俊章『中世公家と地下官人』（吉川弘文館、一九八七年）

同　『中世王権と支配構造』（吉川弘文館、二〇〇五年）

橋本義彦『平安貴族』（平凡社選書97、平凡社、一九八六年）

同　『藤原頼長』（人物叢書、吉川弘文館、一九六四年）

松薗　斉『日記の家―中世国家の記録組織―』（吉川弘文館、一九九七年）

吉川真司「申文刺文考」（『律令官僚制の研究』塙書房、一九九八年。初出一九九四年）

吉田早苗「「兵範記」紙背文書にみえる官職申文（上）」（『東京大学史料編纂所報』二三、一九八八年）ほか三篇

渡辺　滋『日本古代文書研究』（思文閣出版、二〇一四年）

井上幸治『外記補任』（続群書類従完成会、二〇〇四年）

同　「平安お役人事情」（由源社『由源』五五七〜五六八号連載、二〇一五〜一六年）

同　「平安時代前中期における文簿保管策の展開」（『古代中世の文書管理と官人』八木書店、二〇一六年。初出一九九九年）

同　「官務小槻氏の確立」（『古代中世の文書管理と官人』前掲。初出二〇一二年）

同　「平安時代中後期の文殿」（『古代中世の文書管理と官人』前掲。初出二〇一一年）
同　「頭中将の実像――『源氏物語』に描かれない平安貴族――」（宇治市源氏物語ミュージアム編『光源氏に迫る――源氏物語の歴史と文化――』吉川弘文館、二〇二一年）
同　「11・12世紀における所帯職譲の広がりと王権・院政」（『立命館文学』六七七号、二〇二二年）

著者紹介

一九七一年、京都府京都市に生まれる
一九九四年、立命館大学文学部史学科卒業
二〇〇〇年、立命館大学大学院文学研究科史学専攻博士課程後期課程修了、博士（文学）
現在、佛教大学非常勤講師、京都市歴史資料館館員（会計年度任用職員）

〔主要著書・論文〕
『外記補任』（続群書類従完成会、二〇〇四年）
『古代中世の文書管理と官人』（八木書店、二〇一六年）
「頭中将の実像―『源氏物語』に描かれない平安貴族―」（宇治市源氏物語ミュージアム編『光源氏に迫る―源氏物語の歴史と文化―』吉川弘文館、二〇二二年）

歴史文化ライブラリー
570

平安貴族の仕事と昇進
どこまで出世できるのか

二〇二三年（令和五）五月一日　第一刷発行
二〇二四年（令和六）五月二十日　第四刷発行

著　者　井上幸治（いのうえこうじ）
発行者　吉川道郎
発行所　株式会社 吉川弘文館
東京都文京区本郷七丁目二番八号
郵便番号一一三―〇〇三三
電話〇三―三八一三―九一五一〈代表〉
振替口座〇〇一〇〇―五―二四四
https://www.yoshikawa-k.co.jp/
印刷＝株式会社 平文社
製本＝ナショナル製本協同組合
装幀＝清水良洋・宮崎萌美

ISBN978-4-642-05970-1

歴史文化ライブラリー

1996.10

刊行のことば

現今の日本および国際社会は、さまざまな面で大変動の時代を迎えておりますが、近づきつつある二十一世紀は人類史の到達点として、物質的な繁栄のみならず文化や自然・社会環境を謳歌できる平和な社会でなければなりません。しかしながら高度成長・技術革新にともなう急激な変貌は「自己本位な刹那主義」の風潮を生みだし、先人が築いてきた歴史や文化に学ぶ余裕もなく、いまだ明るい人類の将来が展望できていないようにも見えます。このような状況を踏まえ、よりよい二十一世紀社会を築くために、人類誕生から現在に至る「人類の遺産・教訓」としてのあらゆる分野の歴史と文化を「歴史文化ライブラリー」として刊行することといたしました。

小社は、安政四年(一八五七)の創業以来、一貫して歴史学を中心とした専門出版社として書籍を刊行しつづけてまいりました。その経験を生かし、学問成果にもとづいた本叢書を刊行し社会的要請に応えて行きたいと考えております。

現代は、マスメディアが発達した高度情報化社会といわれますが、私どもはあくまでも活字を主体とした出版こそ、ものの本質を考える基礎と信じ、本叢書をとおして社会に訴えてまいりたいと思います。これから生まれでる一冊一冊が、それぞれの読者を知的冒険の旅へと誘い、希望に満ちた人類の未来を構築する糧となれば幸いです。

吉川弘文館

歴史文化ライブラリー

古代史

邪馬台国の滅亡 大和王権の征服戦争――若井敏明
日本語の誕生 古代の文字と表記――沖森卓也
日本国号の歴史――小林敏男
日本神話を語ろう イザナキ・イザナミの物語――中村修也
六国史以前 日本書紀への道のり――関根 淳
東アジアの日本書紀 歴史書の誕生――遠藤慶太
〈聖徳太子〉の誕生――大山誠一
倭国と渡来人 交錯する「内」と「外」――田中史生
大和の豪族と渡来人 葛城・蘇我氏と大伴・物部氏――加藤謙吉
物部氏 古代氏族の起源と盛衰――篠川 賢
東アジアからみた「大化改新」――仁藤敦史
白村江の真実 新羅王・金春秋の策略――中村修也
よみがえる古代山城 国際戦争と防衛ライン――向井一雄
よみがえる古代の港 古地形を復元する――石村 智
古代氏族の系図を読み解く――鈴木正信
古代豪族と武士の誕生――森 公章
飛鳥の宮と藤原京 よみがえる古代王宮――林部 均
出雲国誕生――大橋泰夫
古代出雲――前田晴人
古代の皇位継承 天武系皇統は実在したか――遠山美都男
壬申の乱を読み解く――早川万年
戸籍が語る古代の家族――今津勝紀
古代の人・ひと・ヒト 名前と身体から歴史を探る――三宅和朗
疫病の古代史 天災、人災、そして――本庄総子
万葉集と古代史――直木孝次郎
郡司と天皇 地方豪族と古代国家――磐下 徹
地方官人たちの古代史 律令国家を支えた人びと――中村順昭
古代の都はどうつくられたか 中国・日本・朝鮮・渤海――吉田 歓
平城京に暮らす 天平びとの泣き笑い――馬場 基
平城京の住宅事情 貴族はどこに住んだのか――近江俊秀
すべての道は平城京へ 古代国家の〈支配の道〉――市 大樹
都はなぜ移るのか 遷都の古代史――仁藤敦史
古代の都と神々 怪異を吸いとる神社――榎村寛之
聖武天皇が造った都 難波宮・恭仁宮・紫香楽宮――小笠原好彦
天皇側近たちの奈良時代――十川陽一
藤原仲麻呂と道鏡 ゆらぐ奈良朝の政治体制――鷺森浩幸
古代の女性官僚 女官の出世・結婚・引退――伊集院葉子
〈謀反〉の古代史 平安朝の政治改革――春名宏昭
皇位継承と藤原氏 摂政・関白はなぜ必要だったのか――神谷正昌

歴史文化ライブラリー

王朝貴族と外交 国際社会のなかの平安日本——渡邊　誠
源氏物語を楽しむための王朝貴族入門——繁田信一
源氏物語の舞台装置 平安朝文学と後宮——栗本賀世子
平安貴族の仕事と昇進 どこまで出世できるのか——井上幸治
平安朝　女性のライフサイクル——服藤早苗
平安貴族の住まい 寝殿造から読み直す日本住宅史——藤田勝也
平安京のニオイ——安田政彦
平安京の生と死 祓い、告げ、祭り——五島邦治
平安京はいらなかった 古代の夢を喰らう中世——桃崎有一郎
天神様の正体 菅原道真の生涯——森　公章
平将門の乱を読み解く——木村茂光
古代の神社と神職 神をまつる人びと——加瀬直弥
古代の食生活 食べる・働く・暮らす——吉野秋二
雪と暮らす古代の人々——相澤　央
古代の刀剣 日本刀の源流——小池伸彦
大地の古代史 土地の生命力を信じた人びと——三谷芳幸
時間の古代史 霊鬼の夜、秩序の昼——三宅和朗

中世史

列島を翔ける平安武士 九州・京都・東国——野口　実
源氏と坂東武士——野口　実
敗者たちの中世争乱 年号から読み解く——関　幸彦
戦死者たちの源平合戦 生への執着、死者への祈り——田辺　旬
熊谷直実 中世武士の生き方——高橋　修
中世武士　畠山重忠 秩父平氏の嫡流——清水　亮
頼朝と街道 鎌倉政権の東国支配——木村茂光
もう一つの平泉 奥州藤原氏第二の都市・比爪——羽柴直人
源頼家とその時代 二代目鎌倉殿と宿老たち——藤本頼人
六波羅探題 京を治めた北条一門——森　幸夫
大道　鎌倉時代の幹線道路——岡　陽一郎
仏都鎌倉の一五〇年——今井雅晴
鎌倉北条氏の興亡——奥富敬之
鎌倉幕府はなぜ滅びたのか——永井　晋
武田一族の中世——西川広平
三浦一族の中世——高橋秀樹
伊達一族の中世 「独眼龍」以前——伊藤喜良
弓矢と刀剣 中世合戦の実像——近藤好和
その後の東国武士団 源平合戦以後——関　幸彦
曽我物語の史実と虚構——坂井孝一
鎌倉浄土教の先駆者　法然——中井真孝
親　鸞——平松令三

歴史文化ライブラリー

歴史文化ライブラリー

天下人たちの文化戦略 科学の眼でみる桃山文化——北野信彦
イエズス会がみた「日本国王」 天皇・将軍・信長・秀吉——松本和也
海賊たちの中世——金谷匡人
アジアのなかの戦国大名 西国の群雄と経営戦略——鹿毛敏夫
琉球王国と戦国大名 島津侵入までの半世紀——黒嶋 敏
天下統一とシルバーラッシュ 銀と戦国の流通革命——本多博之

近世史

江戸城の土木工事 石垣・堀・曲輪——後藤宏樹
慶長遣欧使節 伊達政宗が夢見た国際外交——佐々木 徹
徳川忠長 兄家光の苦悩、将軍家の悲劇——小池 進
女と男の大奥 大奥法度を読み解く——福田千鶴
大奥を創った女たち——福田千鶴
江戸のキャリアウーマン 奥女中の仕事・出世・老後——柳谷慶子
江戸に向かう公家たち みやこと幕府の仲介者——田中暁龍
細川忠利 ポスト戦国世代の国づくり——稲葉継陽
家老の忠義 大名細川家存続の秘訣——林 千寿
隠れた名君 前田利常 加賀百万石の運営手腕——木越隆三
明暦の大火 「都市改造」という神話——岩本 馨
〈伊達騒動〉の真相——平川 新
江戸の町奉行——南 和男
大名行列を解剖する 江戸の人材派遣——根岸茂夫
江戸大名の本家と分家——野口朋隆
江戸の武家名鑑 武鑑と出版競争——藤實久美子
江戸の出版統制 弾圧に翻弄された戯作者たち——佐藤至子
武士という身分 城下町萩の大名家臣団——森下 徹
旗本・御家人の就職事情——山本英貴
武士の奉公 本音と建前 江戸時代の出世と処世術——高野信治
近江商人と出世払い 出世証文を読み解く——宇佐美英機
犬と鷹の江戸時代 〈犬公方〉綱吉と〈鷹将軍〉吉宗——根崎光男
近世の巨大地震——矢田俊文
土砂留め奉行 河川災害から地域を守る——水本邦彦
外来植物が変えた江戸時代 里湖・里海の資源と都市消費——佐野静代
闘いを記憶する百姓たち 江戸時代の裁判学習帳——八鍬友広
江戸時代の瀬戸内海交通——倉地克直
江戸のパスポート 旅の不安はどう解消されたか——柴田 純
江戸の捨て子たち その肖像——沢山美果子
江戸時代の医師修業 学問・学統・遊学——海原 亮
江戸幕府の日本地図 国絵図・城絵図・日本図——川村博忠
踏絵を踏んだキリシタン——安高啓明
墓石が語る江戸時代 大名・庶民の墓事情——関根達人

歴史文化ライブラリー

歴史文化ライブラリー

着物になった〈戦争〉 時代が求めた戦争柄——乾 淑子
稲の大東亜共栄圏 帝国日本の〈緑の革命〉——藤原辰史
地図から消えた島々 幻の日本領と南洋探検家たち——長谷川亮一
自由主義は戦争を止められるのか 芦田均・清沢洌・石橋湛山——上田美和
軍用機の誕生 日本軍の航空戦略と技術開発——水沢 光
国産航空機の歴史 零戦・隼からYS－一一まで——笠井雅直
首都防空網と〈空都〉多摩——鈴木芳行
帝都防衛 戦争・災害・テロ——土田宏成
帝国日本の技術者たち——沢井 実
強制された健康 日本ファシズム下の生命と身体——藤野 豊
「自由の国」の報道統制 大戦下の日系ジャーナリズム——水野剛也
学徒出陣 戦争と青春——蜷川壽惠
特攻隊の〈故郷〉 霞ヶ浦・筑波山・北浦・鹿島灘——伊藤純郎
陸軍中野学校と沖縄戦 知られざる少年兵「護郷隊」——川満 彰
沖縄戦の子どもたち——川満 彰
沖縄からの本土爆撃 米軍出撃基地の誕生——林 博史
原爆ドーム 物産陳列館から広島平和記念碑へ——頴原澄子
米軍基地の歴史 世界ネットワークの形成と展開——林 博史
沖縄米軍基地全史——野添文彬
世界史のなかの沖縄返還——成田千尋
考証 東京裁判 戦争と戦後を読み解く——宇田川幸大
ふたつの憲法と日本人 戦前・戦後の憲法観——川口暁弘
名言・失言の近現代史 下 一九四六——村瀬信一
戦後文学のみた〈高度成長〉——伊藤正直
首都改造 東京の再開発と都市政治——源川真希
鯨を生きる 鯨人の個人史・鯨食の同時代史——赤嶺 淳

文化史・誌

山寺立石寺 霊場の歴史と信仰——山口博之
神になった武士 平将門から西郷隆盛まで——高野信治
跋扈する怨霊 祟りと鎮魂の日本史——山田雄司
将門伝説の歴史——樋口州男
殺生と往生のあいだ 中世仏教と民衆生活——苅米一志
浦島太郎の日本史——三舟隆之
おみくじの歴史 神仏のお告げはなぜ詩歌なのか——平野多恵
〈ものまね〉の歴史 仏教・笑い・芸能——石井公成
スポーツの日本史 遊戯・芸能・武術——谷釜尋徳
戒名のはなし——藤井正雄
墓と葬送のゆくえ——森 謙二
運慶 その人と芸術——副島弘道
ほとけを造った人びと 止利仏師から運慶・快慶まで——根立研介

歴史文化ライブラリー

祇園祭 祝祭の京都 ── 川嶋將生
洛中洛外図屛風 つくられた〈京都〉を読み解く ── 小島道裕
化粧の日本史 美意識の移りかわり ── 山村博美
乱舞の中世 白拍子・乱拍子・猿楽 ── 沖本幸子
神社の本殿 建築にみる神の空間 ── 三浦正幸
古建築を復元する 過去と現在の架け橋 ── 海野 聡
生きつづける民家 保存と再生の建築史 ── 中村琢巳
大工道具の文明史 日本・中国・ヨーロッパの建築技術 ── 渡邉 晶
苗字と名前の歴史 ── 坂田 聡
日本人の姓・苗字・名前 人名に刻まれた歴史 ── 大藤 修
日本料理の歴史 ── 熊倉功夫
日本の味 醬油の歴史 ── 林 玲子・天野雅敏 編
中世の喫茶文化 儀礼の茶から「茶の湯」へ ── 橋本素子
香道の文化史 ── 本間洋子
天皇の音楽史 古代・中世の帝王学 ── 豊永聡美
話し言葉の日本史 ── 野村剛史
ガラスの来た道 古代ユーラシアをつなぐ輝き ── 小寺智津子
たたら製鉄の歴史 ── 角田徳幸
金属が語る日本史 銭貨・日本刀・鉄炮 ── 齋藤 努
名物刀剣 武器・美・権威 ── 酒井元樹

賃金の日本史 仕事と暮らしの一五〇〇年 ── 高島正憲
書物と権力 中世文化の政治学 ── 前田雅之
気候適応の日本史 人新世をのりこえる視点 ── 中塚 武
災害復興の日本史 ── 安田政彦

民俗学・人類学

古代ゲノムから見たサピエンス史 ── 太田博樹
日本人の誕生 人類はるかなる旅 ── 埴原和郎
倭人への道 人骨の謎を追って ── 中橋孝博
役行者と修験道の歴史 ── 宮家 準
幽霊 近世都市が生み出した化物 ── 髙岡弘幸
遠野物語と柳田國男 日本人のルーツをさぐる ── 新谷尚紀

世界史

ドナウの考古学 ネアンデルタール・ケルト・ローマ ── 小野 昭
神々と人間のエジプト神話 魔法・冒険・復讐の物語 ── 大城道則
中国古代の貨幣 お金をめぐる人びとと暮らし ── 柿沼陽平
中国の信仰世界と道教 神・仏・仙人 ── 二階堂善弘
渤海国とは何か ── 古畑 徹
アジアのなかの琉球王国 ── 高良倉吉
琉球国の滅亡とハワイ移民 ── 鳥越皓之
イングランド王国前史 アングロサクソン七王国物語 ── 桜井俊彰

歴史文化ライブラリー

ヒトラーのニュルンベルク 第三帝国の光と闇――芝 健介
帝国主義とパンデミック 医療と経済の東南アジア史――千葉芳広
人権の思想史――浜林正夫

考古学

タネをまく縄文人 最新科学が覆す農耕の起源――小畑弘己
イヌと縄文人 狩猟の相棒、神へのイケニエ――小宮 孟
顔の考古学 異形の精神史――設楽博己
〈新〉弥生時代 五〇〇年早かった水田稲作――藤尾慎一郎
弥生人はどこから来たのか 最新科学が解明する先史日本――藤尾慎一郎
文明に抗した弥生の人びと――寺前直人
樹木と暮らす古代人 木製品が語る弥生・古墳時代――樋上 昇
アクセサリーの考古学 倭と古代朝鮮の交渉史――高田貫太
古 墳――土生田純之
古墳を築く――一瀬和夫
東国から読み解く古墳時代――若狭 徹
東京の古墳を探る――松崎元樹
埋葬からみた古墳時代 女性・親族・王権――清家 章
鏡の古墳時代――下垣仁志
神と死者の考古学 古代のまつりと信仰――笹生 衛
土木技術の古代史――青木 敬
大極殿の誕生 古代天皇の象徴に迫る――重見 泰
国分寺の誕生 古代日本の国家プロジェクト――須田 勉
東大寺の考古学 よみがえる天平の大伽藍――鶴見泰寿
海底に眠る蒙古襲来 水中考古学の挑戦――池田榮史
中世かわらけ物語 もっとも身近な日用品の考古学――中井淳史
ものがたる近世琉球 喫煙・園芸・豚飼育の考古学――石井龍太

各冊一七〇〇円～二一〇〇円(いずれも税別)
▽残部僅少の書目も掲載してあります。品切の節はご容赦下さい。
▽書目の一部は電子書籍、オンデマンド版もございます。詳しくは出版図書目録、または小社ホームページをご覧下さい。